ILE DE LA RÉUNION.

ILE DE LA RÉUNION.

NOTICE

SUR LES

PRINCIPALES PRODUCTIONS

NATURELLES ET FABRIQUÉES

DE CETTE ILE,

Par M. G. IMHAUS.

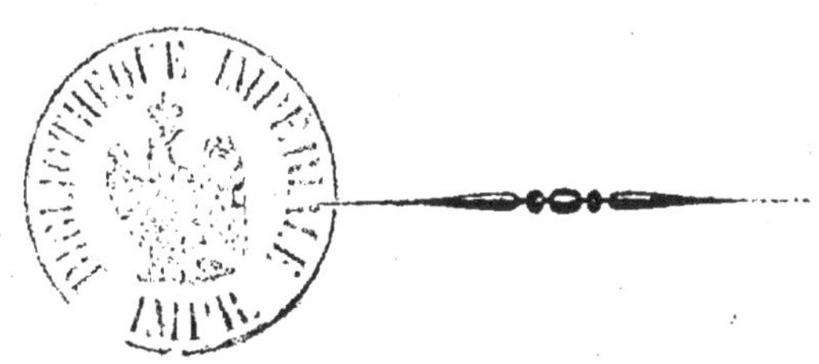

PARIS

IMPRIMERIE DE E. DONNAUD,

RUE CASSETTE, 9.

1862.

NOTICE

SUR LES

PRINCIPALES PRODUCTIONS

NATURELLES ET FABRIQUÉES

DE CETTE ILE.

Détermination géographique. — L'île de la Réunion, située dans l'océan Indien par 21 degrés de latitude sud et 53° 20' de longitude est, a 74 kilomètres 20 de longueur et 50 kilomètres 60 de largeur. Le développement de ses côtes est de 207 kilomètres 30.

Notice historique. — Découverte en 1545, par des navigateurs portugais qui lui donnèrent le nom de leur chef *Mascarenhas*, elle fut occupée en 1642, au nom du roi de France, par M. de Pronis, agent de la Compagnie française des Indes orientales, à Madagascar.

En 1649, M. de Flacourt donna à cette colonie le nom d'*île Bourbon*. Elle fut cédée en 1664, par le Gouvernement français, à la Compagnie des Indes, qui se hâta d'y envoyer vingt ouvriers français. C'est de cette époque aussi que datent les premières opérations de traite et l'établissement de l'esclavage.

L'île fut rétrocédée au roi de France en 1764.

Pendant la tourmente révolutionnaire de 1793, elle changea de nom et fut appelée *île de la Réunion* jusqu'en 1802, où elle prit le nom *d'île Bonaparte* qu'elle conserva jusqu'en 1810, époque à laquelle les Anglais s'en rendirent maîtres. Elle reprit alors son nom d'île Bourbon, et rendue à la France en 1815, elle le conserva jusqu'en 1848 ; puis elle fut de nouveau appelée île de la Réunion.

Population. — La population de la colonie s'élevait, au 31 décembre 1855, à 118,621 âmes, dont 93,054 hommes et 50,567 femmes.

Le décompte de cette population peut être fait de la manière suivante :

Population libre avant l'émancipation générale des esclaves en 1848, évaluée à					45,707
Ancienne population esclave libérée le 20 décembre 1848, évaluée à					52,000
Travailleurs étrangers se subdivisant comme suit :					
INDIENS.	Hommes 30,764		35,201		
	Femmes 3,236				
ENFANTS nés dans la colonie.	Sexe masculin. 671	1,201		45,914	
	— féminin.. 530				
CHINOIS.	Hommes	418			
AFRICAINS et autres provenances.	Hommes 6,784		10,265		
	Femmes 2,223				
ENFANTS.	Sexe masculin. 728	1,258			
	— féminin.. 530			143,621	

Un remarquera sans doute la disproportion des sexes. Elle n'existe que dans la classe des travailleurs étrangers, où le nombre des femmes introduites n'entre malheureusement que pour un dixième.

Topographie. — Considérée dans son aspect général, l'île de la Réunion se présente sous la forme d'un cône très-élevé. Elle se compose de deux groupes de montagnes, dont l'un a pour cime le Piton des Neiges, s'élevant à 3,069 mètres au-dessus du niveau de la mer, et l'autre est couronné par le cône du volcan en activité, dont le cratère a 2,646 mètres d'élévation. Ces deux groupes sont réunis par un plateau central appelé Plaine des Cafres, dont le point culminant s'élève encore à une hauteur de 1,581 mètres.

Formation géologique. — La formation géologique du premier groupe de montagnes diffère sensiblement de celle dont fait partie le volcan; car tandis que les roches de celui-ci sont éminemment péridotiques, celles du groupe du Piton des Neiges sont presque toutes à base de labradorite et présentent souvent des colonnades de basalte presque aussi belles que celles que l'on voit en Islande.

Quelques roches, roulées par les torrents ou décomposées par le feu, indiquent bien des traces de terrains primitifs ; mais, jusqu'ici, on n'a pas encore trouvé la couche d'où proviennent les échantillons peu considérables que le hasard a fait rencontrer.

L'île entière est volcanique.

Les bouleversements du sol attestent encore l'action du feu souterrain, même dans les parties éteintes. Quant à celles où le volcan, toujours en éruption, conserve sa violence primitive, les laves occupent un large espace de terrain, et leurs capricieux envahissements ont donné au lieu qu'elles couvrent un air de désolation sauvage et grandiose.

Sources minérales et thermales. — On trouve encore à la Réunion quelques couches de calcaire formées par le dépôt des nombreuses sources minérales qui existent dans les cirques intérieurs de Salazie, de Cilaos et de la rivière des Galets. Quelques-unes de ces sources ont une vertu pétrifiante, car elles déposent du calcaire sur les plantes et sur les autres objets immergés dans le cours d'eau.

Parmi les sources minérales et thermales de la Réunion, trois sont fréquentées par diverses catégories de malades et ont souvent produit des cures remarquables.

Eaux thermales de Salazie et de Cilaos. — Ce sont d'abord et surtout celles de Salazie, dans le *Bras-Sec*, et celles de Cilaos, dans le bras *des Etangs*. Ces deux sources alcalines, ferrugineuses et acidules, ont de nombreuses analogies avec celles de Vichy; leur température constante est, pour la première, de 31°,5 centigrades, et pour la seconde, de 38°,9.

La troisième, celle de Mafat, dans le bassin de la rivière des Galets, au pied du Piton-Bronchard, est une source donnant 410 litres à l'heure d'une eau sulfureuse à 30 degrés de température, eau qui, malgré le peu de sulfure de sodium qu'elle contient (0 gr.,0076 par litre), n'en a pas moins guéri des maladies cutanées rebelles à toute autre médication.

Chemins et routes. — Outre de nombreux chemins sillonnant le pays dans toutes les directions et dont le principal, qui passe par la Plaine des Cafres, en reliant Saint-Pierre à Saint-Benoît, traverse l'intérieur de l'île, la Réunion est entourée d'une belle route de ceinture, partout carrossable et dont le développement est de 232 kilomètres.

Ponts et torrents. — Des ponts, dont plusieurs sont suspendus ou formés de hardies travées en charpente, permettent presque partout de franchir les cent et quelques torrents qui descendent des montagnes, et qui, après avoir déchiré le sol en tout sens par de profondes crevasses, se jettent à la mer.

Malheureusement, la plupart de ces torrents, si terribles pendant la saison des pluies, restent sans eau une grande partie de l'année, surtout dans la moitié de l'île située sous le vent.

Déjà plusieurs localités ont obvié à cet inconvénient par des canaux et des conduites d'eau exécutés soit par le gouvernement local, soit par les administrations municipales et même par des habitants. Parmi ces travaux particuliers, il en est de réellement remarquables.

Étangs. — Il existe dans l'intérieur de l'île quelques étangs peu considérables, qui se forment à la suite des pluies dans les cavités d'anciens cratères ou de certaines dépressions du sol. Presque tous manquent d'eau dans la saison sèche. Il y a cependant des exceptions, et Salazie, notamment, possède une pièce d'eau de ce genre qui reste constamment remplie à une grande profondeur.

Quelques étangs, dont l'eau est généralement saumâtre, se forment aussi sur le littoral, à l'embouchure des rivières.

Surface de l'île. — Bien que la surface de la colonie soit de

251,160 hectares, et que la partie incultivable n'en mesure environ que 100,000, l'étendue des terres réellement exploitées ne dépasse pas 97,000 hectares, dont 55,000 sont plantés en cannes à sucre.

Les bois et forêts, sur lesquels je reviendrai, occupent une surface de 18,000 hectares.

Zone des cultures. — Excepté sur quelques plateaux supérieurs ou dans quelques districts du cirque intérieur de l'île, toutes les cultures occupent une zone parallèle à la mer et qui va s'élevant par endroits jusqu'au pied des grandes pentes des montagnes, sur une largeur moyenne de 5,000 mètres. Elles forment ainsi une espèce de ceinture, interrompue seulement par le grand Pays-Brûlé et la montagne de Saint-Denis, points qui, placés aux deux extrémités de l'île, la séparent en deux régions distinctes, connues sous les noms de partie du Vent et de partie Sous-le-Vent.

Mammifères, oiseaux et insectes. — La Réunion ne possède aucun mammifère indigène, et le peu d'oiseaux et d'insectes qui s'y trouvent ont été, pour la plupart, importés de Madagascar ou de l'Inde.

Reptiles. — Les reptiles n'y sont représentés que par trois espèces de lézards, par des grenouilles, et par une petite couleuvre, originaire de Madagascar et introduite dans la colonie depuis une quinzaine d'années.

On n'y connaît que deux animaux venimeux, deux ovipares dont la morsure, sans offrir aucun danger, ne laisse pas que d'être fort douloureuse : je veux parler du scorpion, qui n'est pas très-commun, et du cent-pieds, qui est devenu par son abondance un véritable fléau domestique.

N'ayant point à craindre d'ennemis plus redoutables, notre pays trouve, dans l'absence des espèces vraiment dangereuses, une compensation à sa pauvreté en fait d'espèces utiles.

Poissons. — Quelques rivières fourmillent d'excellents poissons. La mer en fournit également une très-grande variété, ainsi que de nombreux mollusques et zoophytes.

Climat. — Le climat de la Réunion est sans contredit un des plus beaux et des plus sains du monde.

Les diverses régions de l'île présentent, suivant leur hauteur, de très-sensibles différences de température ; de sorte qu'il suffit de quelques heures de marche pour passer du climat tropical à l'air vif et pur des contrées alpestres, en parcourant tous les degrés intermédiaires.

Au bord de la mer, le sol est presque constamment embrasé par les feux du soleil et la brûlante réverbération des sables ; plus haut, la chaleur diminue, la terre devient plus humide, les plantes se développent avec une vigueur toujours croissante à mesure qu'on s'élève ; puis, les arbres disparaissent, on ne rencontre plus que des graminées, des mousses, des lichens, et enfin la terre nue, qui est elle-même dominée par la région des glaces.

Une localité intérieure, le cirque de Salazie, peut lutter, pour la douceur de son climat et la richesse de son sol, avec les provinces les plus favorisées de la France ; pour ses aspects grandioses et ses sites pittoresques, avec le Tyrol et la Suisse.

La présence d'un volcan toujours en ébullition, le spectacle d'un sol uniquement formé de laves et sur lequel on suit le travail de la végétation, depuis le point où elle prend naissance jusqu'à celui où elle expire, complètent ce tableau et permettent de dire que l'île de la Réunion offre, dans un espace fort resserré, dans une circonférence d'environ 45 lieues, une variété extraordinaire de températures, de productions et de beautés naturelles.

Il est inutile de faire ressortir ce qu'un pays qui offre de telles choses à l'œil de l'observateur peut avoir d'intéressant pour la science.

Coups de vent. — Malheureusement, l'île de la Réunion, une des plus fertiles du monde, est souvent victime d'un fléau destructeur.

Les ouragans la bouleversent pendant la saison des pluies, de décembre à avril, détruisant les cultures et quelquefois même les bâtiments d'exploitation. Leur souffle furieux, qui brûle le sol et en diminue la vertu productive, ruine les petits habitants et souvent, en quelques heures, retarde de plusieurs années la liquidation des grands propriétaires. Le mal ne se borne point, en effet, à une sensible diminution des récoltes que frappe ce fléau ; il influe sur l'avenir, parce que la terre elle-même se trouve atteinte dans le principe de sa fécondité.

Si, pendant un certain nombre d'hivernages, la Providence nous épargne ce malheur, parfois aussi les coups de vent se succèdent en une seule saison, et les maux qu'ils occasionnent deviennent alors presque irréparables.

Météorologie. — La température générale de la colonie n'a pas été jusqu'ici exactement déterminée. Cela tient à ces nombreuses variations du climat, suivant les zones, que j'ai constatées plus haut.

Sur le sommet des montagnes, le thermomètre ne marque que quelques degrés au-dessus de zéro ; au bord de la mer, la température est encore très-sensiblement modifiée par l'action plus ou moins directe des courants généraux qui soufflent presque toujours du S. E. et à peu près parallèlement au grand axe de l'île. Au chef-lieu et sur le littoral dans toute la partie du Vent, la chaleur moyenne est de 23 à 24 degrés ; le maximum observé à l'ombre a été de 35°,4, et le minimum de 12°,8.

Les pluies sont également très-variables à la Réunion. Torrentielles et presque continuelles dans l'intérieur, aussi violentes, mais plus rares sur la côte, elles représentent à Saint-Denis une couche d'eau annuelle de 1 mètre 685 millimètres, tandis qu'à Sainte-Rose cette couche serait de 1^m,124, et à Saint-Joseph de 2^m,137.

A Saint-Paul, il pleut beaucoup moins que dans les autres quartiers du littoral ; aussi, dans cette localité, que ne rafraîchissent ni des pluies abondantes, ni le souffle bienfaisant des vents généraux, la chaleur est-elle beaucoup plus intolérable que partout ailleurs.

L'hygromètre de Saussure marque en moyenne 81 degrés et varie peu ; le baromètre se tient généralement à 761^m,5. Les orages sont assez fréquents. Au mois de juillet et au mois d'août, on aperçoit quelquefois de la neige sur la cime des plus hautes montagnes, et, au bord de la mer, il est arrivé de voir tomber de la grêle.

Nature du sol végétal. Argiles (1). — Le sol de ce pays, es-

----

(1) Malgré de nombreux essais, on n'a pu, jusqu'à présent, tirer de ces argiles que des briques d'une qualité assez ordinaire.

Quant à la fabrication des tuiles et de la poterie, elle n'est pas encore assez active ni assez régulière pour s'élever aux proportions d'une véritable industrie. J'aurai, toutefois, dans la nomenclature des envois faits à l'Exposition permanente, l'occasion de signaler un établissement de ce genre, celui de MM. Lory et Pitel, dont les produits sont déjà fort dignes d'attention et d'encouragement.

sentiellement volcanique, n'est pas encore devenu cultivable dans toute son étendue. Là où la terre, déjà entièrement formée par la décomposition des laves, des basaltes et des débris végétaux, est capable de produire, règne une fertilité admirable. Il faut excepter, cependant quelques plateaux où dominent des argiles et des pouzzolanes plus ou moins vitrifiées, contenant en moyenne 35 p. 0/0 de peroxyde de fer et fournissant des ocres excellentes pour la peinture.

Côtes. — Les côtes de la Réunion sont généralement abruptes et d'un abord difficile. Les rades y sont ouvertes et peu sûres Aussi serait-il vivement à désirer que les travaux commencés depuis quelques années pour le construction d'un port eussent un résultat satisfaisant.

La richesse du pays en serait considérablement augmentée, et les garanties de sécurité qu'y trouverait la marine de la métropole amèneraient sans doute une notable réduction dans le prix du fret de retour, dont le taux n'a pas cessé jusqu'ici d'être fort élevé.

Ne sait-on pas en effet que, par suite de l'absence de ports, les navires qui approvisionnent la colonie de grains nourriciers, comme ceux qui viennent chercher nos denrées d'exportation, surpris par des ras de marée et quelquefois par des ouragans, perdent jusqu'à des mois entiers pour opérer leur chargement ou leur déchargement, après avoir couru des risques sérieux par des appareillages forcés?

Le taux des assurances et celui du fret se ressentent naturellement d'un état de choses aussi nuisible à l'activité du mouvement commercial.

Il ne m'appartient pas de faire ressortir combien la France pourrait avoir aussi à regretter, dans certaines éventualités politiques, le manque d'un port à l'île de la Réunion, la seule colonie importante qui lui reste à l'entrée de la mer des Indes.

Les considérations qui précèdent m'amènent à désirer non-seulement que les travaux commencés à Saint-Pierre, pour l'ouverture d'un bassin de carénage, soient couronnés de succès, mais encore qu'une tentative de même genre puisse être faite sur un point quelconque de l'arrondissement du Vent. Si l'on parvenait à doter d'une semblable création la partie de l'île qui renferme le chef-lieu, il ne resterait plus alors, pour former un système complet et nous ouvrir une nouvelle source de prospérité incalculable, qu'à entreprendre la construction d'un chemin de fer et l'établissement d'un dock à Saint-Denis. Concentrer sur un point unique le mouvement commercial d'un arrondissement tout entier, ce serait accélérer singulièrement les opérations des navires, et, par conséquent, agir de la manière la plus heureuse sur le cours des denrées.

Les résultats déjà obtenus à Saint-Pierre sont certainement de nature à encourager nos efforts. Sans avoir reçu encore tout leur développement, les jetées ont rendu de grands services en juin de l'année dernière : lors d'un violent ras de marée, elles on préservé d'une destruction imminente des magasins et plus de 40 caboteurs. De plus, la mer étant bien moins tourmentée depuis que ces solides travaux protègent le bassin et l'entrée de la rade, les navires y opèrent avec beaucoup plus de sûreté et de promptitude. Il paraît donc bien certain que Saint-Pierre sera bientôt en possession d'un excellent port de carénage, accessible à quatre ou cinq bâtiments de la plus forte dimension.

La Réunion étant ainsi dotée d'un bassin de radoub et d'un *patent-slip*, le commerce français y trouvera l'avantage de payer bien moins cher la réparation de ses navires, et cette dépense considérable, qui se fait maintenant à Maurice, profitera du moins à notre pays.

Rien, d'ailleurs, ne s'opposera plus tard à l'agrandissement du bassin. La satisfaction de ce besoin, si l'avenir la réclame, se réduira à une simple question d'argent.

La population de la commune de Saint-Pierre, qui n'était que de 17,590 âmes en 1848, s'élevait à la fin de 1855 à 25,030, y compris 6,200 immigrants.

Après cet exposé rapide et général de l'histoire et des conditions topographiques de l'île de la Réunion, je vais entrer dans quelques détails sur ses ressources agricoles et industrielles.

Animaux domestiques. — Comme nous l'avons déjà fait observer, la colonie ne possède pas de types d'animaux indigènes. Lors de la découverte de l'île, on n'y a trouvé que des chèvres sauvages dans les forêts et des tortues sur le littoral. Aujourd'hui la race de ces chèvres, vulgairement appelées ici cabris marrons, est à peu près détruite, et les tortues ont depuis longtemps déserté nos rivages.

Les diverses espèces qui existent maintenant à la Réunion ont été créées par des types importés de l'Inde, du golfe Persique, d'Abyssinie ou des Pays d'Europe. Ces espèces ont fourni des sous-races, dites créoles, dont quelques-unes sont douées d'un caractère d'utilité relative qui leur donne du prix.

En général, cependant, tous les sujets d'origine créole sont inférieurs à leurs similaires d'Europe ou des autres pays tempérés, et l'on parviendrait difficilement à les relever de cette infériorité qui tient à des causes locales. Les grandes espèces surtout dégénèrent rapidement et d'une manière continue, perdant de la taille, de l'étoffe et une partie des qualités qui font le mérite de leur race. On peut bien, avec des soins et une nourriture surabondante, retarder cette dégénérescence ; mais, à la longue, on ne saurait l'empêcher de se faire sentir.

En raison de ce vice originel et à cause de leur trop petit nombre, les sujets créoles des grandes espèces ne peuvent suffire aux besoins de l'agriculture, du luxe et de l'alimentation. Aussi voit-on le commerce métropolitain introduire annuellement à la Réunion des chevaux, des mules, des bœufs, des vaches laitières par centaines et même par milliers.

Cet état de choses est fâcheux ; mais il serait difficile d'y remédier aujourd'hui que les pâturages ont presque complétement disparu par suite des envahissements de l'industrie sucrière. A l'époque de la coupe des cannes, le feuillage de cette plante fournit une assez bonne nourriture aux animaux. C'est dans l'intervalle des manipulations qu'ils ont particulièrement à souffrir ; car alors on est réduit à leur donner du fourrage vert fort peu substantiel et en petite quantité : ce fourrage, venu le long des chemins, est tellement insuffisant que quelques riches propriétaires ont recours au foin de France.

Tout étant ainsi sacrifié à la production du sucre, il est impossible de songer à l'élève des grands animaux, même pour les besoins pressants de la consommation publique.

Dans les petites espèces, celles qui sont destinées à la boucherie se maintiennent mieux que les autres. Les chiens et les chats créoles éprouvent un déclin beaucoup plus sensible : ils ont généralement l'extérieur misérable, le pelage court et rude. Les bêtes à long poil importées d'Europe ne se conservent pas, elles succombent promptement, épuisées par les maladies de la peau.

Les animaux de basse-cour sont ici les plus faciles à élever ; ils se multiplient prodigieusement. Malgré cette facilité de reproduction, leur nombre demeure trop restreint et leur prix trop élevé pour qu'ils deviennent un élément de consommation générale. A peine sont-ils en quantité suffisante pour garnir la table des riches et pour approvisionner les navires qui fréquentent nos rades.

Après ces observations sur l'ensemble des espèces créoles, il suffira d'un examen très-sommaire de chacune d'elles.

RACES CHEVALINE, ASINE ET MULASSIÈRE.

Race chevaline. — La race des chevaux créoles, justement célèbre autrefois, n'existe plus aujourd'hui à l'île de la Réunion. On élève bien, sur quelques habitations rurales, des poulains grands ou petits, mais qui n'ont point de caractère distinct. Ceux qui proviennent soit d'un cheval arabe, soit d'un cheval du Cap, et d'une jument de France, atteignent une taille moyenne : ils servent à la selle ou à la voiture et ne manquent pas d'un certain mérite ; mais ils sont trop rares pour être pris en sérieuse considération.

Il y avait jadis dans les deux arrondissements de l'île, mais plus particulièrement dans la région sous le Vent, une race de chevaux petits, courts, trapus, forts, robustes et sobres, qui avaient toutes les qualités requises pour les besoins d'alors ; ils gravissaient les rudes sentiers des montagnes et descendaient d'un pied sûr les pentes les plus escarpées. Cette race, issue de chevaux abyssins, offrait quelque ressemblance avec ce qu'on appelle en France le double-poney.

Aujourd'hui ces chevaux trouveraient encore leur emploi et remplaceraient avec avantage ceux qui nous viennent de Java et de Timor ; mais nous avons d'autres besoins que ceux de nos pères, et, en supposant même que l'on ressuscitât cette petite et vaillante espèce dont ils faisaient un si grand cas, elle ne pourrait nous fournir des bêtes de luxe, de promenade ou de voyage.

Races asine et mulassière. — Ainsi que les chevaux, les mulets et les ânes originaires du pays sont devenus fort rares. Ajoutons que c'est là leur principal défaut, car ils sont sobres autant que vigoureux, et font d'excellentes montures.

RACE BOVINE.

Nous n'avons pas de race bovine. Les petits troupeaux créoles des plaines de l'intérieur, récemment misés en concession, ne peuvent pas encore être comptés. Ceux que quelques propriétaires ruraux entretiennent pour le travail se composent en grande partie de bœufs malgaches (bœufs à bosse) et de produits créoles de la même espèce croisée avec les vaches d'Europe. Ces animaux originaires du pays sont peu nombreux et n'offrent rien de remarquable ; ils ont une taille moyenne, le poil court, la peau épaisse, et une ondulation plutôt qu'une bosse au garrot. Seulement leur viande, ayant perdu l'odeur de musc particulière à celle des bœufs de Madagascar, est de meilleure qualité. Mais leur rareté ne permettant pas de compter sur eux pour la nourriture des troupes et l'alimentation publique, ce sont, en très-grande partie, les bœufs malgaches, dont le commerce approvisionne régulièrement notre pays, qui défrayent la consommation. Le prix moyen de la viande de ces animaux est de 80 centimes le demi-kilogramme.

Les vaches importées de France (bretonnes et normandes) restent assez bonnes laitières ; mais il n'en est pas de même de leurs produits. Elles s'acclimatent avec une certaine facilité lorsqu'on les tient à l'abri du soleil, en stabulation permanente et dans les régions de l'île un peu élevées; mais quand elles sont exposées à l'air brûlant du littoral ou à l'action des brises, elles contractent souvent une maladie locale et mortelle (sorte de fièvre typhoïde). Après leur acclimatement et à leur deuxième portée dans la colonie, la plupart de ces vaches donnent en abondance du lait de bonne qualité avec lequel on obtient un beurre consistant et savoureux et d'excellents fromages. Elles présentent surtout cet avantage lorsque leur nourriture se compose principalement de feuillage de bois noir et de racines de manioc.

RACE OVINE.

Les moutons d'origine créole que nous possédons aujourd'hui proviennent d'espèces européennes. Ce sont des animaux sans cornes, à laine longue et rude, ayant le corps assez bien pris quoique de forme allongée; ils appartiennent comme type aux moutons du nord de la France (anglo-artésiens), et on les élève particulièrement pour la boucherie. Ils n'échappent pas à la dégénérescence qui atteint toutes les bêtes créoles ; leur taille diminue et leur laine perd ses qualités primitives. Nous avons encore dans le pays une espèce obtenue par le croisement avec les petits moutons de l'Inde, dont la laine est noire et grossière, mais qui fournissent une viande d'un goût recherché. Le prix ordinaire de la viande de mouton est de 1 fr. 50 c. par demi-kilogramme.

Les sujets à laine fine, comme les mérinos et les moutons de la Charmoise, ne conservent pas longtemps la beauté de leur laine dans les régions basses et chaudes de notre île. Le seul moyen de de les soustraire à un déclin trop rapide, c'est de les tenir dans les régions élevées.

RACE CAPRINE.

La Réunion possède des espèces de chèvres nombreuses et variées. La plupart s'élèvent en troupeaux ; elles sont communes, à poil court, sans cornes, et de grandeur très-variable. Les femelles sont fécondes et bonnes laitières : elles ont quelquefois plusieurs petits, qui viennent à merveille et grandissent sans exiger aucun soin. Ces animaux sont, d'ailleurs, très-faciles à nourrir. C'est surtout l'espèce de chèvres à petite taille qui alimente la consommation ; mais le nombre de celles qui sont abattues ne correspondant pas aux besoins publics, le prix de cette viande reste toujours à un taux fort élevé (1 fr. 50 c. le demi-kilogramme).

Parmi les espèces tirées de l'extérieur, on peut mentionne quelques chèvres de France et quelques-unes de la race dite de Patna, ces dernières remarquables par leurs qualités laitières, par la hauteur de leur taille et par leurs longues oreilles.

RACE PORCINE.

Toutes les classes de notre société, depuis les plus humbles travailleurs jusqu'aux riches propriétaires, s'occupent de l'élevage des porcs. L'espèce de ces animaux la plus commune à la Réunion n'a de remarquable que son extrême fécondité. Quelques sujets hors ligne, quelques métis des grandes races de l'Inde ou d'Europe atteignent un poids considérable (250 et même 300 kilogrammes) ; mais ils demeurent à l'état d'exception.

L'espèce du pays se croise avec des porcs de l'Inde, de la race dite *mangouste*, à courtes phalanges et à ventre tombant. Elle donne alors de beaux produits, dont la viande est de qualité supérieure. Enfin, dans ces derniers temps, on a essayé le croisement avec des sujets de la Chine et du Japon, précieux surtout à cause de la facilité avec laquelle on les engraisse.

Malgré tous les soins, les grandes espèces dégénèrent ici et deviennent peu à peu inférieures à celle qui est connue en Europe sous le nom d'anglo-chinoise. En outre, quelque grand que soit le nombre de porcs qu'on élève dans le pays ou qui nous viennent annuellement de l'Inde et de Madagascar, cette viande, que le pauvre préfère et qui figure sur toutes les tables, donne lieu à l'observation que nous avons déjà faite sur celle des chèvres; la quantité produite ne suffisant pas à la consommation générale, le porc se vend toujours cher (75 c. à 80 c. le demi-kilogramme).

ANIMAUX DE BASSE-COUR.

Nous avons ici les deux genres de ces animaux qui se trouvent en Europe, les palmipèdes et les gallinacées. Parmi les premiers, oies et canards, ceux que nous engraissons dans nos basses-cours nous viennent souvent de l'extérieur. Les oies créoles sont communes et notablement inférieures à celles d'Europe, surtout à celles du midi de la France. Les canards du pays s'élèvent sans peine, et leurs femelles, croisées avec le canard dit de Manille, donnent des bâtards d'un engraissement facile et d'un goût recherché.

Les gallinacées se multiplient avec une prodigieuse abondance. Nous n'avons que des poules très-ordinaires; leurs œufs sont petits : mais elles font plusieurs couvées par an. Les dindons sont d'une assez belle espèce, particulièrement ceux qu'on élève dans la région moyenne de l'île. Les grands coqs de l'Inde, de la race dite chatigan, donnent de superbes chapons. Il y a très-peu de pintades créoles; on supplée à leur rareté par des importations fréquentes de l'Inde et de Madagascar, d'où sont tirées également beaucoup d'autres volailles qu'on engraisse pour la consommation locale et pour l'approvisionnement des navires. Ces volailles forment un aliment coûteux; les plus petites et les plus communes se vendent 3 fr.; les moyennes 4 fr. 50 c.; le prix des œufs est habituellement de 15 à 20 centimes.

POISSONS.

Nos rivières et nos torrents renferment, dans leurs eaux limpides et dans les nombreux accidents de leurs lits basaltiques, des milliers de poissons de toute sorte.

Dans les bassins et au pied des cascades on trouve non-seulement des anguilles fort grosses et très-recherchées, mais quelquefois aussi des *chites* et des *poissons plats*, dont la chair, exquise et savoureuse, est d'une délicatesse incomparable. Malheureusement ces poissons sont si rares et si chers qu'ils peuvent tout au plus, dans des occasions solennelles, figurer sur la table des plus riches habitants.

Enfin, les nombreux viviers qui existent sur nos propriétés rurales, alimentés par des eaux vives, conviennent parfaitement à la multiplication d'un excellent poisson connu sous le nom de gouramier. Mais il faut renouveler ici l'observation qui a été faite plus haut au sujet des pâturages : l'exploitation des cannes à sucre, qui absorbe tout, terres et bras, est aussi un obstacle sérieux à l'élevage des petits animaux et au développement régulier de la pisciculture.

DES VÉGÉTAUX.

Bois. — Il est hors de doute que la Réunion n'ait été autrefois extrêmement riche en bois de toute espèce. Malheureusement, il faut le dire, la population n'a pas su ménager ce trésor. Des forêts entières ont disparu à la suite des envahissements progressifs de la culture.

Ces défrichements, conseillés par l'ambition, ont été trop souvent accomplis avec aussi peu de discernement que de prévoyance.

Comme si les bois eussent été un obstacle plutôt qu'une ressource précieuse, on les a fait disparaître avec une sorte d'impatience aveugle ; on y a porté au hasard le fer et la flamme, et la Réunion, qui pouvait utiliser ses richesses forestières même en les détruisant, les a vu gaspiller sans aucun profit pour elle.

Après avoir ainsi saccagé les essences indigènes qui maintenant ne couronnent plus que les hauts sommets de l'île, on a songé à garnir d'arbres étrangers deux zones inférieures de notre colonie.

Par les soins de MM. Poivre, Delanux, Hubert-Delisle, Commerson, du Petit-Thouars, ainsi que par ceux de tous nos anciens gouverneurs, l'Australie, la Chine, les Moluques, les îles de la Sonde, l'Inde, l'Abyssinie, Madagascar, la côte d'Afrique, le Cap, l'Amérique méridionale, le midi même de la France ont contribué à nous fournir des arbres de décoration ou des arbres utiles, qui sont encore une véritable richesse pour nos propriétés rurales. Malheureusement ces précieux végétaux, importés de toutes les parties du monde par nos pères qui savaient jouir de leurs fruits et de leur ombrage, commencent à partager le sort de leurs devanciers ; ils tombent chaque jour sous la hache des planteurs de cannes.

Les défrichements successifs que nous déplorions tout à l'heure ont eu pour la Réunion plusieurs conséquences fâcheuses. D'abord le déboisement des montagnes paraît être la cause principale des longues sécheresses qui désolent actuellement le pays. La destruction des arbres dans les ravins et le long des rivières a produit un autre fléau : ce sont de violentes avalaisons. Autrefois enfin, quand les pluies qui arrosaient nos montagnes y rencontraient de grandes masses de verdure, elles descendaient de ces hauteurs sans impétuosité et déposaient en abondance sur les terrains inférieurs l'humus des bois mêlé à leurs infiltrations ; maintenant, au contraire, les eaux pluviales s'écoulent par torrents de ces sommets dégarnis, et le peu de terre végétale qui s'y forme, n'étant plus maintenue par les racines des arbres, est entraînée avec violence dans les ravins et va se perdre dans la mer sans aucun profit pour les régions cultivées de l'île.

Je m'empresse d'ajouter que le dernier gouverneur de la Réunion, comprenant la gravité du mal, a entrepris d'y porter remède par son arrêté du 8 avril 1853. Pour assurer la conservation de ce qui reste de nos forêts et pour reproduire, autant que possible, ce qui a disparu, il fallait en même temps mettre un terme aux coupables déprédations que le maraudage exerçait impunément dans nos bois, s'opposer à cette rage de destruction inintelligente dont étaient saisis quelques propriétaires, et prescrire enfin de nouvelles plantations d'arbres ; tel est le but et tel sera, j'en ai le ferme espoir, l'effet de la législation forestière qui vient d'être mise en vigueur.

Bien qu'il contrarie des habitudes invétérées et que, par conséquent, son exécution rencontre des difficultés sérieuses, les bienfaits de ce système réparateur se font déjà vivement sentir.

Malgré tant de regrettables dévastations accomplies jusqu'à nos jours, la Réunion possède encore des forêts qui occupent, sur une largeur variant de 3 à 6 kilomètres et à 4 ou 500 mètres au-dessus du niveau de la mer, l'espace circulaire compris entre le sommet des terres cultivées et le pied de la chaîne de montagnes qui partage l'île du nord au sud. C'est dans cette zone que croissent naturellement nos meilleurs arbres de construction.

Privées de la faculté de se reproduire par souches ou par rejets provenant des racines, la plupart de nos essences forestières se multiplient par des semis naturels, auxquels il faut, pour prospérer, l'abri protecteur des arbres et le sol substantiel et humide des forêts. Aussi nos bois ne sont-ils susceptibles d'aucun aménagement en coupes réglées, et le seul mode d'exploitation favorable à leur conservation est la coupe dite *en jardinant* ou par éclaircie.

Malheureusement, la partie inférieure de nos bois ayant disparu à la suite de ces défrichements opérés sans modération, le repeuplement des essences les plus précieuses a été compromis et, dans beaucoup de familles, le nombre des individus a sensiblement diminué.

Notre sol forestier est sillonné par de nombreuses ravines et fortement accidenté ; il n'en résulte cependant, pour l'exploitation des arbres ou l'extraction des produits, aucune difficulté insurmontable.

Dans la plupart des quartiers de l'île, les chemins vicinaux montent jusqu'à la lisière des forêts, où viennent aboutir généralement des sentiers suffisants pour l'extraction. Il est, d'ailleurs, peu de cantons où l'on ne puisse ouvrir, à peu de frais, des chemins pour le transport des produits de la partie supérieure des forêts, à la hauteur où les ravines cessent de découper profondément le sol.

L'extraction des bois provenant des points même les plus reculés des forêts, et leur transport au lieu d'embarquement, peuvent s'effectuer en quatre jours au plus dans toutes les localités ; cette double opération n'exige, le plus souvent, qu'un ou deux jours, lorsque les produits se tirent de régions moins élevées.

Le sol des forêts de la colonie est composé de tuf poreux, de terre glaise, de scories volcaniques et de détritus végétaux. L'élément volcanique domine dans les bois de Saint-Rose et de Saint-Philippe.

Quoique notre sol forestier soit essentiellement végétal, il manque généralement de profondeur et ne pourrait nourrir de hautes futaies ; les arbres s'y développent avec une remarquable promptitude, mais sans atteindre une grande élévation.

Les forêts sont mieux conservées dans la partie sous le Vent que dans l'autre moitié de l'île.

Le prix des bois de construction sur le marché de St-Denis (1)

____

(1) Dans les quartiers, à cause de la proximité des lieux d'exploitation ces prix sont inférieurs de 30 à 40 pour 100.

varie, suivant la qualité et la dimension des pièces, dans la proportion suivante :

BOIS DURS DE PREMIÈRE QUALITÉ.

Les bois de charpente de première qualité, équarris à 11 centimètres et au-dessus, se vendent de 3 à 5 francs les 33 centimètres cubes ;

Les bois de charpente ayant de 11 à 22 centimètres d'équarrissage coûtent de 5 à 9 francs les 33 centimètres cubes ;

Le prix des beaux échantillons dépassant 22 centimètres varie de 300 à 600 francs le mètre cube.

Les belles planches de 4 mètres de longueur sur 25 centimètres de largeur et 13 millimètres d'épaisseur, reviennent à 3 ou 4 francs la pièce ;

Les bois de vieille coupe, bien secs, choisis, propres aux travaux de menuiserie et d'ébénisterie, sont cotés ordinairement à 1/2 au-dessus du prix des bois verts de même qualité.

BOIS DURS DE SECOND ORDRE ET BOIS BLANCS.

La valeur moyenne des bois durs de second ordre est de 1/3 moins élevée que celle des bois de premier rang.

Les bois blancs du pays, légers et spongieux pour la plupart, sont peu recherchés pour la construction et valent à peine le 1/3 du prix des bois durs de première qualité. Le bois de chauffage, à prendre sur le lieu de la coupe, est coté de 5 à 10 francs le stère, suivant les essences. Il est livré à Saint-Denis au prix moyen de 10 à 20 francs le stère.

La journée d'un bon ouvrier charpentier se payant à la Réunion 2 fr. 50 ou 3 francs, l'exploitation des bois doit donner au propriétaire forestier, déduction faite de la valeur des arbres sur pied, un bénéfice net de 25 à 30 p. 0/0 au moins.

Malgré les déplorables ravages dont elles ont été victimes, nos forêts offrent encore de précieuses ressources au pays et un vaste champ d'études aux naturalistes.

Nous avons l'espoir aussi que les savantes investigations de l'in-

dustrie métropolitaine découvriront chez quelques-unes des essences de nos bois des qualités qui nous échappent.

Nous serions alors puissamment encouragés à prendre des
soins particuliers pour la conservation et la multiplication des
espèces reconnues les meilleures; et la France, en recherchant
ces produits, augmenterait avec un profit égal pour la Réunion
et pour elle-même la somme de nos moyens d'échange. Nous citerons en exemple le bois noir (*Acacia Lebbeck*) : il est presque
exclusivement employé ici au charronnage; mais nous croyons
pouvoir affirmer que la richesse de ses veines, son éclat velouté
et l'élastique souplesse de son tissu le rendraient précieux dans
l'ébénisterie.

Nous attribuons la même valeur au grand natte (*Imbricaria
maxima*), qui, dans notre conviction, peut, jusqu'à un certain
point, rivaliser avec l'acajou.

Plus de 80 essences dignes d'attention croissent spontanément
et se développent sans culture dans la zone des forêts, tandis que
de nombreuses espèces moins remarquables, mais cependant
utiles, peuplent les criques de l'intérieur et recouvrent les flancs
abruptes de nos montagnes, jusqu'à la hauteur où cesse toute végétation.

On peut classer dans l'ordre suivant les arbres du pays les plus
recherchés pour la construction :

BOIS DE CONSTRUCTION DE PREMIER ORDRE.

1.	Petit natte,	*Imbricaria petiolaris.*
2.	Grand natte,	*Imbricaria maxima.*
3.	Takamahaca,	*Calophyllum spurium.*
4.	Bois de bassin,	*Blackwellia paniculata.*
5.	Bois de pomme,	*Syzygium glomeratum.*
6.	Bois puant,	*Fœtidia borbonica.*
7.	Bois rouge,	*Elæodendrum orientale.*
8.	Bois de fer,	*Sideroxylon borbonicum.*
9.	Bois de filao,	*Cosuarina lateriflora.*
10.	Benjoin,	*Terminalia mauritiana.*
11.	Bois de tan,	*Weinmannia macrostachia.*

BOIS DE CONSTRUCTION DE SECOND ORDRE.

1.	Bois maigre,	*Nuxia verticillata.*
2.	Bois de gaulette,	*Cupania alternifolia.*
3.	Change écorce,	*Prockia theiformis.*
4.	Bois d'ébène,	*Diospyros menalida.*
5.	Cors blanc,	*Blackwellia paniculata.*
6.	Bois de senteur galet,	*Olea cernu1.*
7.	Bois de rempart,	*Monimia myrtifolia.*
8.	Bois jaune,	*Ochrosia borbonica.*
9.	Bois de nèlle,	*Jossinia mespiloïdes.*
10.	Cannelle sauvage,	
11.	Goyavier marron,	*Ludica sessifolia.*
12.	Lilas,	*Melia azodirachta.*
13.	Bois dur,	
14.	Bois de Judas,	*Cossinia borbonica.*
15.	Bois de pêche,	*Syzygium paniculatum.*
16.	Bois de Jamlongue,	*Syzygium Jambolanum.*
17.	Bois Malbrouk,	*Nuxia verticillata.*
18.	Bois de buis,	*Murraya exotica.*
19.	Bois Jam-Rosa,	*Jambosa vulgaris.*
20.	Bois Poupart,	
21.	Bois de Perroquet,	*Fissilia psittacorum.*
22.	Bois blanc,	*Hernandia ovigera.*
23.	Bois Losteau,	*Antirrhœa verticillata.*
24.	Bois de Mahaut,	*Dombeya punctata.*
25.	Bois de Teck,	*Cordia amplifolia.*
26.	Bois de Joli-Cœur,	*Senecio undulata.*
27.	Bois de vache,	*Leucothoe pyrifolia.*
28.	Bois de mapou,	*Andromeda pyrifolia.*
29.	Bois d'oiseau.	*Geniostoma borbonicum.*
30.	Bois d'ambou.	

BOIS POUVANT SERVIR AUX CONSTRUCTIONS MARITIMES.

1.	Tamarinier des hauts,	*Acacia heterophylla.*
2.	Takamahaca rouge,	*Calophyllum.*
3.	Bois rouge,	*Elæodendrum orientale.*
4.	Tan rouge,	*Weinmannia macrostachia.*
5.	Bois noir,	*Acacia Lebbeck.*

BOIS PROPRES A LA MENUISERIE ET A L'ÉBÉNISTERIE.

1.	Grand natte,	*Imbricaria maxima.*
2.	Bois noir,	*Imbricaria petiolaris.*
3.	Bois d'olive,	*Olea lancea.*
4.	Jacquier,	*Artocarpus integrifolius.*
5.	Bois d'ébène,	*Diospyros menalida.*
6.	Tamarinier des hauts,	*Acacia heterophylla.*
7.	Benjoin,	*Terminalia mauritiana.*
8.	Bois de balais,	
9.	Petit natte,	*Imbricaria petiolaris.*

BOIS AYANT DES PROPRIÉTÉS MÉDICINALES.

1.	Bois amer,	*Carissa xylopicron.*
2.	Bois jaune,	*Ochrosia borbonica.*
3.	Bois à fleurs jaunes,	*Hypericum lanceolatum.*
4.	Cannelle douce,	*Cinnamomum zeylanicum.*
5.	Camphrier,	*Camphora officinarum.*
6.	Bois cassant,	*Psathura borbonica.*
7.	Patte de poule,	*Toddalia paniculata.*
8.	Bois blanc rouge,	
9.	Bois de vache,	*Leucothoe pyrifolia.*
10.	Bois de Joli-Cœur,	*Senecio undulata.*
11.	Bois de Bombarde,	*Mithridatea tambuzissa.*
12.	Bois de Lossence,	
13.	Bois de fer,	*Syderoxylon borbonicum.*

Quelques-unes de ces essences réunissent en elles des qualités diverses qui les rendent propres à plusieurs usages; ainsi, par exemple, le *Tamarinier des hauts*, très-abondant dans la région sous le Vent, est un bois fort précieux qui peut remplacer sans désavantage tous les autres.

Le tableau suivant qui va clore cette partie de notre travail présentera la nomenclature de toutes les espèces déjà indiquées, et de plusieurs autres qui n'ont pu trouver place dans les catégories que nous venons d'établir.

Tableau des pesanteurs spécifiques moyennes de divers bois de construction dressé sur des expériences directes, par M. Maillard, ingénieur colonial.

NOM VULGAIRE.	NOM SCIENTIFIQUE.	POIDS DU MÈTRE CUBE.	
		Vert.	Sec.
		kilog.	kilog.
1 Bois puant	Fœtidia mauritiana	1,250 0	1,115 »
2 — de gaulette	Cupania alternifolia	1,190 6	1,110 8
3 — rouge à petites feuilles	Elæodendrum orientale	1,186 7	1,038 1
4 — de Judas	Cossinia borbonica	1,179 0	1,147 3
5 — de nèfle	Jossinia mespiloides	1,163 9	1,016 2
6 — de filao	Casuarina lateriflora	1,138 7	968 7
7 — d'olive	Olea lancea	1,138 8	1,074 1
8 — de petit natte	Imbricaria petiolaris	1,130 6	1,039 1
9 — Jam-Rosa	Jambosa vulgaris	1,119 7	865 5
10 — noir des Hauts, ébène	Diospyros melanida	1,083 5	929 0
11 — de bassin rouge	Blackwellia paniculata	1,079 6	751 6
12 — de rongle ou de ronde	Erythroxylon longifolium	1,078 8	873 6
13 — Goyavier marron	Ludia sessiflora	1,073 2	823 3
14 — Joli-Cœur	Senecio undulata	1,075 9	772 8
15 — maigre	Nuxia verticillata	1,063 5	834 0
16 — de bassin blanc	Blackwellia paniculata	1,061 4	856 5
17 — rouge à grandes feuilles	Elæodendrum orientale	975 5	803 6
18 — Takamahaca blanc	Calophyllum spurium	931 9	802 0
19 — Rempart	Monimia myrtifolia	1,031 8	757 4
20 — Natte à gr. feuil. ou gr. natte	Imbricaria maxima	1,014 1	851 »
21 — Banane	Cascara fragilis	888 1	702 9
22 — Tan	Weinmannia macrostachia	878 4	620 5
23 — blanc à grandes feuilles	Gastonia cutispongia	876 6	489 6
24 — jaune	Ochrosia borbonica	856 2	731 9
25 — Takamahaca jaune	Calophyllum spurium	775 9	665 9
26 — Bancoulier	Aleurites triloba	721 8	489 7
27 — blanc à petites feuilles	Hernandia ovigera	589 0	343 9

Le pays possède encore des essences forestières dont les propriétés textiles et tinctoriales sont utilisées par l'industrie, et de nombreux arbustes doués de vertus médicinales. Il en sera question dans un chapitre spécial consacré aux plantes et aux écorces. J'ajouterai enfin, pour ne rien omettre, que nos arbres fruitiers et à épices sont très-nombreux et donnent en général d'excellents produits.

Il est bon de signaler ici la naturalisation dans le pays de l'*Acacia dealbata*, originaire de la Nouvelle-Hollande, résultat dû principalement aux louables efforts de M. le docteur Bernier.

Cet arbre précieux s'est déjà considérablement multiplié dans l'arrondissement de Saint-Denis. Il se plaît sur les hauteurs et se

contente des terres les plus arides. Son bois, de couleur blan-
châtre, plein et solide, convient au charronnage et s'emploie
très-avantageusement comme combustible ; sa feuille fournit une
bonne nourriture pour les bestiaux. Sa croissance est extraordi-
nairement rapide ; il pousse de semence et se reproduit par rejets provenant des racines, avec une abondance telle, qu'un seule
individu donne souvent plusieurs centaines de rejetons propres à
la transplantation.

Il serait peut-être utile d'introduire à la Réunion le pin mari-
time et le peuplier.

Le fond léger et sablonneux des vastes savanes qui attristent le
littoral, dans une portion de l'arrondissement sous le Vent, serait
sans doute favorable à la culture du pin.

Quant au peuplier, il ne pourrait manquer de réussir dans les
terrains marécageux qui forment la partie basse des communes
de Sainte-Marie, de Sainte-Suzanne, de Saint-André, de Saint-
Paul et de Saint-Louis.

Il a été dit plus haut que les sages interdictions contenues dans
l'arrêté du 8 avril 1853 favorisent le repeuplement des forêts et
sauvegardent ainsi les intérêts agricoles et industriels qui se rat-
tachent à leur conservation.

Un autre avantage résultera de ces mesures protectrices : c'est
le prochain boisement, par les soins de l'administration des eaux
et forêts, des terres dont le domaine dispose encore sur le littoral.
Il faut encore constater, du reste, que les habitants de la colonie,
secondant les prévoyantes intentions de l'autorité, semblent entrer
dans une voie toute nouvelle pour eux. On remarque, particulièrement dans la région du Vent, de nombreuses plantations de
filaos et de Jam-Rosa couvrant déjà les flancs des ravines, les
bords des rivières et les terrains sablonneux du littoral, dont la
triste nudité affligeait naguère l'œil du voyageur et nuisait même
à la conservation des eaux.

A cet exposé de la situation forestière du pays, j'ai cru devoir
joindre un tableau général des diverses essences dont se compose
la collection de bois envoyés à l'exposition permanente. Les renseignements que donne ce tableau ne sont peut-être pas inutiles
comme moyen d'appréciation.

L'envoi que nous avons fait ne comprend pas, sans doute,
toutes les espèces d'arbres qui croissent à l'île de la Réunion ;
mais celles qui n'y figurent pas ont peu de valeur ou se rappro-
chent beaucoup, par leurs propriétés essentielles, des types que
nous avons choisis.

TABLEAU explicatif des bois envoyés par l'île de la Réunion à l'exposition permanente des produits coloniaux à Paris.

Numéros d'ordre	NOM VULGAIRE de l'arbre.	NOM SCIENTIFIQUE.	Âge auquel l'arbre est susceptible d'une fructure/exploitation. (ans.)	Dimension moyenne de l'arbre à cet âge. — Hauteur du tronc. (mètres)	Dimension moyenne de l'arbre à cet âge. — Diamètre du tronc. (m. c.)	OBSERVATIONS.
1	Grand natte...............	*Imbricaria maxima*.........	80	11	1 »	Très-droit, bois rouge, plein, nerveux, bien veiné, bon pour la construction et la menuiserie; propre aux ouvrages les plus fins de l'ébénisterie. Un de nos arbres les plus beaux et les plus utiles.
2	Petit natte...............	*Imbricaria petiolaris*........	80	11	1 »	Très-droit, bois rouge, dur, plein, nerveux, le meilleur de nos bois de construction; résiste très-bien à l'humidité. La fibre en est si droite qu'on le fend très-aisément, ce qu le rend propre à la fabrication des bardeaux qui couvrent nos maisons. Il donne un charbon de forge excellent. Employé dans la menuiserie, ce bois est susceptible de se colorer en rouge, depuis la nuance rose-pâle jusqu'au rouge noir, lorsqu'on l'imprègne plus ou moins d'une solution de chaux vive. Il se polit facilement; mais il est moins recherché par les ébénistes que le grand Natte.
3	Takamahaca................	*Calophyllum spurium*........	70	18	1 30	Très-droit, propre aux constructions civiles et navales.
4	Bois de bassin............	*Blackwellia paniculata*......	60	12	» 70	Très-droit, excellent bois de construction. Verni, il est fort beau; il ressemble au grand Natte, sans toutefois l'égaler.
5	Bois de pomme............	*Syzygium glos. erutum*......	70	15	1 »	Très-droit, bon bois de construction, surtout à l'extérieur.
6	Bois puant	*Fœtidia borbonica et Fœtidia mauritiana*...........	100	15	1 »	Droit, bois plein, lourd et nerveux, incorruptible, excellent pour la construction; se conserve longtemps dans la terre; devient rare; contient un suc huileux.
7	Bois rouge ou écorce rouge...	*Elœodendrum orientale*......	50	13	» 80	Droit, bois dur, plein et assez liant, mais moins durable que les précédents; bon néanmoins pour la construction; fournit des bordages pour les chaloupes, et sert à faire des pirogues.
8	Bois de fer	*Sideroxylum borbonicum*.....	100	11	» 90	Droit, mais à côtes profondes, très-dur, bien veiné, bon pour la construction; prend très-bien le vernis, et pourrait servir à l'ébénisterie; très-abondant; résiste peu à l'humidité.
9	Bois de tan rouge	*Weinmannia macrostachia*...	50	12	» 70	Droit, bois assez solide, mais peu résistant à l'humidité; est employé pour la construction; son écorce fournit le tan le plus estimé; sert beaucoup aux bourreliers pour les attelles; propre aussi aux constructions navales. Sa fleur, chargée d'une substance odorante et sucrée, fournit le miel vert.
10	Bois noir.................	*Acacia Lebbeck*...........	70	10	1 »	Assez droit, noueux, dur, plein, solide, bien veiné, excellent bois de charronnage et très-recherché des ébénistes, donne de bonnes courbes pour les chaloupes, perd très-peu de volume en séchant, précieux pour les engrenages; le meilleur protecteur des Caféiers, a le plus bel aspect quand il est verni. Ses feuilles sont une excellente nourriture pour les bestiaux; après le Natte, c'est l'arbre le plus utile au pays.
11	Benjoin	*Terminalia mauritiana*	50	11	» 50	Très-droit, bois jaune, solide, doux et liant, bon pour la construction et la menuiserie; son écorce a des propriétés tinctoriales.
12	Jacquier	*Artocarpus integrifolius*.....	20	8	» 45	Assez droit, bois d'un beau jaune, doux, serré et très-liant, agréablement veiné, bon pour la menuiserie, et très-recherché par les ébénistes. Bon bois de charronnage et de tour; il donne une quantité très-considérable de fruits très-gros et longs, dont les graines rappellent, par leur goût, la châtaigne.
13	Olivier...................	*Olea lancea*............	100	5	» 50	Tronc épais, peu élevé, lourd, serré, offrant les veines les plus riches et les plus variées; recherché par les ébénistes et les menuisiers, mais surtout excellent bois de tour, ainsi qu'on peut en juger par les nombreux vases qui ont été envoyés : les fibres sont dures et tortueuses; il y a deux variétés : l'Olivier noir et blanc; cet arbre est aussi abondant que précieux.
14	Bois d'ébène ou bois des hauts.	*Diospyros mespilida*.........	60	15	» 45	Assez droit, bois jaune foncé et presque noir au cœur, veiné de rouge; le cœur est plein, solide; bon pour la charpente et la menuiserie.
15	Tamarinier des hauts	*Acacia heterophylla*.........	80	6	1 »	Cet arbre n'est pas toujours droit; bois plein, doux et très-liant, bon pour le charronnage, fournit d'excellentes courbes pour les embarcations, très-recherché pour la menuiserie, se travaille très-bien, veiné et d'un travail facile, propre à la construction; abondant, et un des arbres les plus utiles du pays; propre à tout.
16	Bois de gaulette............ (il y en a deux espèces.)	*Cupania alternifolia et Melicocea lucida*............	60	7	» 35	Très droit, bois dur, plein et nerveux, excellent pour la charpente, pour le charronnage, pour les engrenages et pour le tour; se travaille facilement; bon pour les mâts de navire.

TABLEAU explicatif des bois envoyés par l'île de la Réunion

Numéros d'ordre	NOM VULGAIRE de l'arbre.	NOM SCIENTIFIQUE.	Âge auquel l'arbre est susceptible d'une fructueuse exploitation. (ans.)	Dimension moyenne de l'arbre à cet âge.	
				Hauteur du tronc. (métr.)	Diamètre du tronc. (m. c.)
17	Bois maigre ou Malbrook	Naxia verticilata	35	7	» 25
18	Filao	Casuarina laterifora	20	16	» 33
19	Change-écorce Fandamane	Prockia theiformis et Ludia heterophylla	40	7	» 40
20	Bois de rempart	Myonima myrtifolia	40	6	» 30
21	Lilas	Melia azadirachta	20	7	» 35
22	Teck d'Arabie	Cordia amplifolia	25	16	» 80
23	Bois jaune	Ochrosia borbonica	35	8	» 40
24	Bois de Judas	Cassiquia borbonica	40	6	» 30
25	Bois de perroquet	Fissilia prittecorum	40	6	» 30
	dito	Routonia integrifolia	»	»	» »
26	Tamarinier des bas	Tamarindus indica	100	15	1 »
27	Bois blanc	Vermandia ocigera	30	15	» 70
28	Bois de Losteau	Anthirbaa verticilata	40	8	» 40
29	Bois de mahot	Dombeya punita	40	9	» 40
30	Bois de senteur	Astonia populaca	40	7	» 90
31	Bois de pêche	Josivia colinifolia	50	7	» 33
32	Jameion ou Jamblongue	Syzygium jambalanum	30	6	» 25
33	Jam-rosa	Jambosa vulgaris	25	6	» 25
34	Bois de vache	Leucothoe pyrifolia	40	4	» 25
35	Petit tamaris	Phyllanthus urinaria	»	»	» »
36	Bancoulier	Aleurites triloba	20	8	1 »
37	Camphrier	Camphora officinarum	20	6	» 25
38	Goyavier marron	Psidium pyriferum	40	5	» 20
39	Bananier	Terminalia catappa	20	5	» 30
40	Bois de cannelle	Laurus capularis	40	8	» 30

à l'exposition permanente des produits coloniaux à Paris (Suite).

OBSERVATIONS.

Assez droit, mais à côtes, résistant parfaitement à l'humidité, d'un excellent emploi pour les constructions en terre, fournit de bons chevrons, est peu combustible, et se vernit bien.

Très-droit, bois très-dur, à fibres contrariées, difficile à travailler, mais très-bon pour la charpente lorsqu'il est à l'abri de l'humidité, très-bon bois de chauffage; vient dans les terres sablonneuses; très-abondant et d'une venue facile; se reproduit par graines.

Droit, bois plein, assez solide, d'un travail facile, mais peu résistant à l'humidité, bon pour la charpente et la construction.

Droit, bois blanc assez solide, mais peu résistant à l'humidité, donne de petites pièces de charpente. Sa feuille bouillie guérit la gale; poison subtil.

Vient très-vite et donne un bois solide et très-liant, bon pour la charpente et le charronnage; il fournit à la carrosserie d'excellents brancards; on s'en sert pour les instruments d'harmonie.

Très-droit, vient très-vite, bois tendre d'abord et durcit en vieillissant; protecteur des Caféiers dans la partie Sous-le-Vent; fournit de bonnes planches à l'intérieur des maisons.

Assez droit, bois solide, employé à la charpente, recherché pour la menuiserie et l'ébénisterie, se travaille facilement. Son écorce, quoique à un degré inférieur, a les propriétés toniques du Quinquina; sert à faire des ustensiles de ménage.

Droit, bois très-dur, très-propre au tour, donne de bons chevrons, résiste peu à l'humidité; assez abondant.

Droit, bois dur, solide, bon pour la construction, mais résistant peu à l'humidité; assez abondant (très-cassant).

Tronc épais, noueux, bois solide, plein et très-liant, excellent pour le charronnage, recherché pour les courbes des chaloupes.

Très-droit, bois blanc, peu ferme, fournit surtout des planches pour lambris; il remplace souvent le Sapin dans le pays.

Très-dur, bois blanc très-léger, mais solide; est employé dans la construction aux menues pièces de charpente.

Très-droit, bois blanc, très-léger; c'est le plus léger de tous nos bois, résistant cependant assez bien.

Assez droit, assez solide, fournit de bons chevrons, a beaucoup d'analogie avec le bois Puant, auquel il est inférieur; il est dur, solide et se travaille facilement; il est très-recherché aussi pour les outils de menuisier.

Arbre droit, bois plein, solide, résistant à l'humidité, bon pour la charpente.

Assez droit, bois blanc, plein, doux et liant, donne de bons chevrons et des avirons.

Même nature que le précédent, sert aux mêmes fins, donne d'excellents brancards de chariot.

Petit arbre, bois blanc, léger et peu résistant; peu employé.

Très-petit arbre; peu employé.

Grand arbre droit, bois blanc, peu serré, fournit des planches pour lambris; son fruit fournit une huile à brûler excellente, propre aussi à la peinture.

Droit, bois blanc, tirant sur le jaune, liant et facile à travailler; recherché pour l'ébénisterie.

Droit, bois blanc, serré, dur et très-liant; fournit de bonnes pièces de charpente de petite dimension et de bons avirons; est employé avec avantage par les tonneliers.

Assez droit, bois tendre, blanc, spongieux, donne une amande d'un goût très-agréable, recherchée par les confiseurs, et fournit une huile très-estimée, pour l'horlogerie surtout.

Droit, joli étant verni, léger, plein et liant, donne des pièces de charpente de moyenne dimension et des planches; sert à faire des bois de fusil.

TABLEAU explicatif des bois envoyés par l'île de la Réunion

Numéros d'ordre	NOM VULGAIRE de l'arbre.	NOM SCIENTIFIQUE.	Âge auquel l'arbre est susceptible d'une exploitation (ans.)	Dimension moyenne de l'arbre à cet âge	
				Hauteur du tronc (mètres)	Diamètre du tronc (m. c.)
41	Bois sabine	*Thuya occidentalis*	60	5	» 23
42	Flamboyant	*Poinciana regia*	45	4	» 30
43	Millepertuis à fleurs jaunes	*Hypericum lanceolatum*	»	»	» »
44	Bois de café moka	*Coffea arabica*	»	»	» »
45	Bois de café marron	*Coffea mauritiana*	25	3	» 15
46	Bois de bombarde	*Mithridatea tamburissa*	60	7	» 50
47	Bois de nèfle	*Jossinia mespiloides / dito elliptica*	60	10	» 35
48	Malbrouck	*Nuxia verticillata*	»	»	» »
49	Takamahaca de Madagascar	*Calophyllum takamahaca*	»	»	» »
50	Bois bleu tendre ou d'oiseau	*Calophyllum borbonicum*	»	»	» »
51	Cors blanc	*Blackwellia paniculata*	30	6	» 20
52	Bois cassant	*Panthura borbonica*	»	»	» »
53	Bois de mapou	*Andromeda jyrifolia*	50	5	» 60
54	Buis	*Murraya exotica*	»	»	» »
55	Bois d'affouche	*Ficus cordifolia*	50	10	» 30
56	Patte de poule	*Toddalia paniculata*	80	10	» 80
57	Cannelle douce	*Cinnamomum zeylanicum*	»	»	» 30
58	Senteur galet	*Olea cernua*	70	6	» »
59	Goyavier marron des hauts	*Ludia sessiliflora*	40	5	» 30
60	Bois de gaulette marron	*Melicocca diversiflora*	60	8	» 25
61	Joli-cœur	*Senecio undulata*	»	»	» »
62	Figuier marron	*Dombeya species*	50	6	» 40
63	Papaille marronne	*Gnatonia cutisponghia*	»	»	» »
64	Coing de Chine	*Dyospyros kaki*	45	7	» 20
65	Bois de banane	*Casearia fragilis*	50	10	» 40
66	Avocat marron	*Tetranthera laurifolia*	35	6	» 20
67	Manguier	*Mangifera indica*	40	10	» 60
68	Avocat fruit	*Persea gratissima*	»	»	» »
69	Pamplemousse	*Citrus aurantium pampelmos*	»	»	» »
70	Bois de punaise	*Grangeria borbonica*	»	»	» »
71	Bois noir de l'Inde	*Adenanthera pavonina*	60	10	1 »
72	—	*Veigelia pinnata*	»	»	» »
73	Jamalack	*Jambosa*	25	8	» 15
74	—	*Morinda umbellata*	»	»	» »
75	Evis marron	*Poupartia borbonica*	45	10	» 40
76	Pêcher marron	*Syzygium paniculatum*	»	»	» »

à l'exposition permanente des produits coloniaux à Paris (Suite).

OBSERVATIONS.

Arbre contourné, bois d'une dureté extrême, assez rare, mais d'une rare beauté étant verni; précieux pour l'ébénisterie.

Bel arbre d'ornement, croît vite, bois sec, cassant; n'est point employé dans la construction. Si l'ébénisterie pouvait l'utiliser, on pourrait en planter beaucoup.

Droit, bois rouge, dur et lourd; fournit de jolies planches.

N'est d'aucun usage connu.

Grain très-serré; on en fait de jolies cannes; fibre assez résistante pour servir avantageusement aux impressions.

Droit, gros, bois blanc, creux, spongieux, peu employé, si ce n'est à faire des ruches.

Noueux, bois blanc, plein, solide, très-dur, excellent pour la charpente.

Droit, élevé, bois jaune, lourd, serré, à fil droit, très-propre à faire des bardeaux; sert aussi à la charpente, et se conserve parfaitement en terre.

Encore peu répandu; devient très-grand et d'un beau port; bon à la charpente et aux constructions de marine.

Droit et gros, bois blanc, mou et peu résistant à l'humidité; fournit des fourches droites pour hangar; se conserve en terre.

Bois droit, bois blanc, un peu rosé, solide, facile à travailler, bon pour la construction.

Petit arbre d'un port gracieux, bois jaune clair, léger, résistant mal à l'humidité.

Tronc court, droit, gros, bois d'un blanc sale, mou; fournit des planches pour lambris.

Droit, bois blanc, à teintes jaunes, dur, plein, lourd, très-bon pour la charpente, et recherché pour le tour.

Bois tendre, filandreux; fournit des planches pour lambris; on en fait des pirogues.

Bois jaune clair, assez lourd, donne des planches pour l'intérieur.

Bois blanc tirant sur le jaune; l'écorce a une odeur aromatique très-pénétrante.

Est une variété de l'olea laurea.

Venant de Madagascar, bois serré, dur et liant, donne des avirons en s'emploie à la charpente.

Est une variété de melicocca lucida; bois blanc, dur, liant, se conserve en terre, bon au charbonnage.

Bois blanc, donne de petites pièces de charpente.

Droit, gros, donne des planches pour panneaux.

Bois mou et spongieux, peu employé.

Arbre fruitier, bois blanc, solide, léger.

Bois blanc, dur et serré, peu résistant à l'humidité, propre aux tables d'harmonie; bois de construction.

Bois blanc tirant sur le jaune; s'emploie pour la construction

Un des arbres fruitiers les plus estimés, gros, bois blanc, assez dur, bon pour chauffage et la fabrication du charbon et recherché pour la bourrelerie. Il y a de nombreuses variétés de cet arbre.

Arbre fruitier originaire d'Amérique, bois tendre et spongieux, sans emploi connu.

Arbre fruitier de la famille des orangers; bois dur et noueux, lourd, épineux, bon à brûler, sert à la marqueterie.

Bois dur, d'une belle couleur, très-précieux pour la construction, se vernit bien.

Cette pièce de bois vient d'un jardin de l'État, il n'est pas connu dans le pays.

Bois blanc, peu consistant, bon à brûler, donne un fruit peu estimé.

Arbre originaire de Ceylan, peu répandu, sert à la teinture.

Droit assez gros et élevé, bois blanc, tendre, meilleur que le bois de l'arbre fruitier de ce nom.

Bel arbre, bois très-dur, propre à la parqueterie et à la marqueterie.

TABLEAU explicatif des bois envoyés par l'île de la Réunion

Numéros d'ordre.	NOM VULGAIRE de l'arbre.	NOM SCIENTIFIQUE.	Âge auquel l'arbre est susceptible d'une fructueuse exploitation.	Dimension moyenne de l'arbre à cet âge.	
			ans.	Hauteur du tronc. métr.	Diamètre du tronc. m. c.
77	Bois de ronde ou rongle......	*Erythroxylon longifolium*....	50	10	» 40
78	Letchi fruit.................	*Euphoria Lit-chi*...........	30	06	1 »
79	Palmiste marron.............	*Areca lutescens*...........	35	15	» 25
80	Bacouroubou................		»	»	» »
81	Bois de toartour............	*Rhinocarpus longifolius*.....	»	»	» »
82	Bambou.....................	*Bambusa arundinacea*.......	5	10	» 08
83	Tiges d'aloès...............	*Agave americana*..........	»	»	» »
84	Calumets...................	*Myrtus borbonicus*.........	40	12	» 04
85	Un paquet olivave..........	*Flagellaria indica*........	»	»	» »
86	Squine (racine de)..........	*Smilax ancerps*...........	»	»	» »
87	—	*Sandoricum indicum*......	»	»	» »
88	Palmier....................	*Raphis flabelliformis*......	»	»	» »
89	—	*Bergera species*..........	»	»	» »
90	Ouatier....................	*Bombax malabaricum*......	»	»	» »
91	Bois amer..................	*Cariapa syopirron*.........	»	»	» »
92	Bois de chandelle..........	*Mamecylon cordatum*......	»	»	» »

à l'exposition permanente des produits coloniaux à Paris (Suite).

OBSERVATIONS.

Droit, bois de construction, peu employé.

Arbre fruitier originaire de la Chine, bois blanc, serré, noueux, bon bois de chauffage.

Arbre très-gracieux des régions tropicales, droit, élancé ; élevé il en existe de nombreuses variétés ; bois très-dur extérieurement, mou et filandreux à l'intérieur, il sert à faire des baguettes de fusil, son écorce peut servir de ressort ; il sert à faire des palissades, des canaux à conduire l'eau et de grossières constructions.

Arbre récemment introduit à la Réunion par M. Adrien Bellier, croît avec une grande rapidité, fournit au bout de six ans des planches pour lambris, mais résiste très-peu aux coups de vent.

Arbre de la côte d'Afrique où il est abondant, n'existe pas à la Réunion.

Très-abondant à la Réunion, lorsqu'il est vieux, il devient dur, se conserve à l'humidité, fournit d'excellents canaux pour les conduites d'eau. Nous en avons de nombreuses variétés.

Remplace avantageusement les cuirs de rasoir, sert à la confection des cages pour les animaux de basse-cour.

Très-abondants à la Réunion, servent à la pêche.

Appelé le rotin du pays, sert à la confection des paniers. Verni, l'olivave fait de jolies cannes.

Même usage que le précédent.

Grand arbre exotique dont le bois, quand on le brûle, exhale une odeur d'encens.

Une variété de palmier exotique, très-propre à faire des cannes.

Arbrisseau exotique qui exhale une forte odeur d'anis.

Droit, pousse vite ; l'ombre qu'il projette n'est pas préjudiciable aux plantes. Il fleurit en septembre et donne des fruits en mars. L'ouate sert à faire des oreillers. Les Indiens font torréfier les graines pour s'en nourrir. Bois blanc, spongieux. L'ouate se vend 2 francs le demi-kilog.

Petit arbre rabougri, tortueux, à écorce jaunâtre.

Arbre de moyenne grandeur, mais d'une longévité incomparable. Pour cette raison, il sert aux bornes des propriétés.

Quant aux dix pièces de bois, originaires de Madagascar, qui figurent également à l'exposition, coloniale il nous est impossible de fournir sur elles des renseignements exacts. Tout ce que nous pouvons affirmer, c'est que la grande île africaine est très-riche en bois, et que plusieurs des échantillons expédiés appartiennent à une essence incorruptible.

Ainsi, nous croyons savoir de source certaine qu'il existe sur la côte de Tamatave, des pieux servant à l'amarrage des bateaux et qui, enfoncés dans le sable depuis plus de soixante ans, n'ont subi, jusqu'à présent, aucune altération.

La Réunion est amplement fournie de diverses espèces de bois propres au charronnage.

Voici, dans l'ordre de leur mérite, les essences justement préférées :

Le bois noir des bas, pour le moyeux et les jantes ;

Le petit natte, pour les rayons et les ridelles ;

Le benjoin, pour les jantes ;

Le takamahaca, pour les moyeux, les jantes, les brancards et les flèches ;

Le tan rouge, pour les moyeux, les jantes et les attelles ;

Le bois de cœur-bleu, pour les moyeux, les jantes et les brancards ;

Le lilas, enfin, pour les brancards de cabriolet et les flèches.

Une paire de roues de charrette de première qualité, sans sa ferrure, vaut ici de 100 à 125 francs.

Autrefois, nos maisons et nos édifices étaient exclusivement couverts en bardeaux. Mais ce genre de couverture ayant trois inconvénients graves, celui d'augmenter le prix de chaque jour, celui de ne durer en moyenne que de dix à quinze ans, et celui enfin d'accroître les chances d'incendie, de nombreuses expériences ont été faites depuis quelques années pour le remplacer par le zinc, les tuiles zinguées-plombées, et surtout les tuiles ordinaires.

Néanmoins, le bardeau ne sera pas de sitôt abandonné, car il gardera longtemps et peut-être toujours, sur les autres couvertures, le précieux avantage de résister mieux qu'elles aux ouragans; et d'ailleurs, malgré l'élévation toujours croissante de son prix, il coûte encore moins cher que le zinc et les tuiles.

Quant à la valeur comparative des diverses espèces de bardeaux que nous avons envoyées, voici la classification qu'on peut établir :

Bardeaux en petit natte, première qualité, faits à la main, 30 francs le mille ;

Bardeaux en petit natte, faits à la mécanique, de 45 à 50 francs le mille ;

Bardeaux en écorce blanche, 25 francs le mille ;

Bardeaux en bois de tamarin des hauts, 25 francs le mille ;

Bardeaux en bois de fer, auxquels une couche de peinture est indispensable, 28 francs le mille.

Il y a une dizaine d'années environ, on a commencé dans le pays à fabriquer des bardeaux à l'aide d'une scierie mécanique.

Le principal avantage qu'offre ce genre de fabrication, c'est qu'il permet d'utiliser des bois de tout fil, c'est-à-dire à fibres inégales, tandis que, pour confectionner des bardeaux à la main, on ne peut employer que du bois à fil droit. C'est donc là un véritable progrès. La scierie exploite de vieux troncs de petit natte dont on n'avait tiré aucun parti jusqu'à ce jour, au lieu que le bardeau fait à la hache se fabrique principalement avec de jeunes arbres, dont le bois est plus aisé à fendre.

La fabrication du bardeau à la hache a été longtemps un fléau pour nos forêts ; car, lorsque les ouvriers ne rencontrent pas, dans les arbres qu'ils viennent d'abattre, un bois à fil droit, ils les abandonnent sur place et en coupent d'autres : ils contribuent ainsi à la destruction des bois. De plus, à cause de sa forme régulière, le bardeau mécanique se place plus facilement et plus vite que le bardeau fait à la main. Il faut ajouter toutefois que, dans l'opinion de quelques constructeurs, le bardeau mécanique est sujet à se fendre et, par conséquent, exige une couche de peinture.

Nous avons envoyé des échantillons variés des deux espèces : en les comparant, on pourra décider quel est le mode de fabrication qui mérite la préférence.

L'établissement de scierie dont la fabrication est la plus étendue, celui de MM. Deshayes et Cie à Saint-Pierre, offre de poser des bardeaux mécaniques à raison de 6 fr. 36 cent. le mètre, tandis que la même surface couverte en bardeaux à la hache coûte 6 fr. 75 cent. Cet établissement, digne d'intérêt, a exposé plusieurs autres produits qui se recommandent à l'attention. Un certain nombre d'entre eux embrassent une série de travaux de charronnage qu'il a exécutés, et dont voici les prix :

Rais en bois de natte et à fil droit, 50 centimes ;
Jantes en bois de tan rouge ou autre, 1 fr. 25 c. et 1 fr. 50 c.;
Moyeux tournés en bois de cœur-bleu, 6 fr,;
Montant de ridelles et ranchers pour charrettes, 50 cent.;
Traverses pour fonds et barres pour portes, 1 fr.;
Attelles non ferrées pour collier de mulets, 1 fr. 50 cent.;
Attelles ferrées pour collier de mulets, 1 fr. 50 c.
On trouve des douvelles pour cuves à 1 fr. la pièce.
MM. Deshayes et Cⁱᵉ ont exposé en outre deux modèles de parquets en bois de grand natte et en bois jaune, qu'ils offrent de livrer, posés, à 17 fr. le mètre.

Ils ont fourni encore deux barriques vides, l'une en grand natte et l'autre en bois jaune, dont les prix de vente se détaillent comme suit :

Bois. . . . . 11 fr.
Façon. 12   } 30 fr.
Fer. 7

Un service réel que l'établissement Deshayes et Cⁱᵉ rend à la colonie, c'est de fournir sur commandes, en telle quantité qu'on le désire, tous les articles de sa spécialité.

En terminant ces notes, je crois convenable de remplir une lacune que j'ai signalée dans une lettre à M. le directeur de l'intérieur, c'est-à-dire de faire connaître les personnes qui ont fourni les plus remarquables échantillons de notre collection de bois, en dehors de ceux qui ont été achetés pour le compte du pays ou que j'ai pu recueillir moi-même sur mes propriétés de Saint-André, de Saint-Benoît et de Salazie.

Je m'empresse donc de citer les noms de :

MM. DESAIVRES, inspecteur des eaux et forêts, à Saint-Denis ;
    DIERX, directeur de l'établissement de M. Loricourt-Deheaulme, à Saint-Benoît ;
    DELISLE, maire à Saint-Benoît ;
    CHAUVET, alors adjoint au maire de Saint-Paul ;

MM. F. DE VILLÈLE, de la même commune ;
Mutel, adjoint au maire de Saint-Leu ;
DE CHATEAUVIEUX, de la même commune ;
Noel, propriétaire à Saint-Leu ;
F. DE LANUX, propriétaire à Saint-Leu ;
Valmyre Ricquebourg, propriétaire à Saint-Louis ;
Gabriel Potier, propriétaire à Saint-Pierre ;
Réné Pouget, propriétaire à Saint-Pierre ;
Alphonse Frappier, propriétaire à Saint-Pierre ;
Charles Morais, maire de Saint-Pierre ;
Maillard, ingénieur colonial à Saint-Pierre.

Plantes et écorces médicinales. — La végétation de l'île de la Réunion n'est pas moins étonnante par sa richesse que par sa vigueur. Des pluies abondantes, une chaleur féconde, une humidité presque continuelle sous un ciel souvent d'une limpidité extrême, des zones offrant une température fort variée, toutes ces conditions expliquent l'énergie productive de notre pays et son luxe végétal.

Tant de biens n'ont pas été donnés vainement à l'homme. Les végétaux de la Réunion sont utiles à plus d'un titre : l'agriculture y puise des trésors, l'industrie en tire de nombreux matériaux, la médecine y trouve des ressources infinies. En effet, sauf quelques rares exceptions, les plantes locales peuvent suffire au traitement de toutes les maladies. Les médicaments les plus précieux ont ici leurs similaires ou leurs succédanées.

Un fait remarquable, qui atteste une sollicitude providentielle, c'est que les végétaux de la Réunion ont une vertu spéciale pour la guérison des maladies qui naissent dans cette île, de même que ses eaux minérales paraissent surtout destinées à guérir les affections cutanées ou vésicales qui se développent particulièrement dans nos climats.

On ne doit pas s'étonner non plus de rencontrer à profusion les astringents, les toniques, les stimulants dans un pays où les fortes chaleurs amènent si souvent l'atonie, de trouver une foule de plantes éminemment purgatives là où abondent les tempéraments bilieux, et des antispasmodiques puissants pour des constitutions qui sont, en général, les plus nerveuses et les plus irritables du monde. La nature sous notre ciel confirme donc pleinement cette pensée religieuse que Dieu place toujours le remède à côté

du mal, en laissant à l'homme le soin de le chercher et le mérite
d'en faire une judicieuse application.

Au surplus, il ne faudrait pas croire que l'état sanitaire du pays
exige l'abondance des moyens curatifs que lui offre sa végétation ;
car, ainsi que nous avons déjà eu l'occasion de le constater, la
Réunion entourée par la mer, rafraîchie par les vents alizés et par
une brise de terre qui renouvelle et purifie chaque soir l'atmosphère qu'un soleil de feu échauffe pendant le jour, la Réunion,
dis-je, est un des points les plus sains du globe. Ainsi, tandis
que la fièvre jaune sévit presque continuellement aux Antilles,
tandis que le choléra est en permanence dans l'Inde, tandis que
l'intoxication marécageuse développe sur les côtes de Madagascar
et sur celles de l'Afrique les fièvres intermittentes et pernicieuses,
aucune endémie particulière n'existe à l'île de la Réunion ; aucune maladie spéciale, fille du climat et de l'atmosphère, n'est
attachée à notre sol.

Un autre fait qui se révèle dans la pathogénie locale, c'est que
les maladies, étant engendrées par des causes éphémères, ne du-
rent jamais longtemps. Par exemple, lorsque des affections se
déclarent parmi nous sous une forme épidémique, ces épidémies
sont passagères ; elles s'épuisent et se déplacent avec une mobilité
heureuse et surprenante.

Non-seulement il n'y a pas ici de mal à l'état endémique, mais
on n'y trouve même pas de constitution médicale durable, c'est-
à-dire un caractère permanent qui domine toutes les maladies.
Ces caractères sont le plus souvent le résultat d'accidents soudains
et de prédispositions lentement acquises par les habitudes de la
vie, les passions, les excès ou les revers de fortune si fréquents
aux colonies.

Quant aux affections générales, qui se rencontrent partout où
l'homme réside, elles se dépouillent sous notre climat de leur
malignité habituelle. En un mot, la longévité humaine, ce crité-
rium de la salubrité d'un pays, atteint dans le nôtre des proportions vraiment remarquables.

Aussi les nombreux éléments de médicamentation que fournissent les plantes de cette colonie pourraient-ils profiter non-seulement à la population locale, mais encore, par le moyen de
l'exportation, à d'autres pays moins favorisés sous le double
rapport de la salubrité et des ressources médicinales que la
Providence nous a si largement départis.

J'ai puisé dans ce trésor, et si je n'ai pas réuni pour l'exposition
permanente un échantillon complet de toutes les richesses de

notre flore médicale, je me suis du moins attaché à faire connaître à la France nos végétaux les plus précieux.

1. Patte de poule (*Toddalia paniculata*).

Cette plante a les vertus curatives des térébenthacées qui sont dépourvues de sucs âcres laiteux et nuisibles; elle s'emploie en infusion ou en décoction contre la dyssenterie. On rape le bois et l'écorce pour s'en servir. Elle est prescrite aussi comme succédanée du quinquina. Dans les bains chauds, elle agit comme fortifiant. Enfin, ses feuilles infusées comme du thé sont un remède contre les catarrhes,

2. Ambaville (*Seneccio ambavilla*).

Bory de Saint-Vincent, en reconnaissance de l'hospitalité qu'il avait reçue à l'île de la Réunion de Joseph Hubert, membre correspondant de l'Académie des sciences, grand-oncle de notre gouverneur actuel, a donné à cet arbuste le nom de *Hubertia ambavilla.*

Les feuilles et le bois de l'ambavilla en décoction fournissent la meilleure de toutes les tisanes diurétiques. On l'applique avec succès dans les affections syphilitiques et dans les maladies désastreuses. Cette plante pourrait rendre de grands services dans les traitements des rhumatismes et de la goutte. Elle offre l'avantage rare et précieux pour un médicament de conserver toute sa vertu malgré sa dessiccation.

3. Patte de lézard (*Lycopodium virudulum et umbrosum*).

On en fait une tisane rafraîchissante, très-bonne dans les dyssenteries aiguës et pour les entérites.

4. Liane arabique (*Clematis mauritiana*).

Employée verte, cette plante est douée d'une grande énergie médicale comme vésicante. Plus active que la cantharide, elle la remplace avantageusement : elle n'a point, comme cette dernière, l'inconvénient grave d'agir sur la vessie ; en moins d'une heure on produit une forte vésication. La liane arabique est d'un usage fréquent et efficace dans les pleurésies, dans les pneumonies, dans les apoplexies, et surtout dans les paralysies qui entraînent la perte de la sensibilité.

Lorsqu'elle est séchée à l'ombre et prise en infusion, les vieux habitants du pays lui attribuent une grande vertu dépurative. Je n'oserais pas toutefois en conseiller l'emploi, attendu que cette plante absorbée verte est un violent poison.

5. Racines de vétyver (*Andropogon odorans*).

Les feuilles en sont précieuses. Elles servent de couverture pour les dépendances des habitations. Les racines lavées et séchées exhalent un parfum très-agréable. On les utilise dans cet état pour la conservation des meubles et du linge, d'où elles chassent les mites.

On assure que cette plante prise en décoction est emménagogue.

6. Fleurs jaunes (*Hypericum lanceolatum*).

Ce végétal renferme une huile balsamique résineuse. Il est très-tonique et très-stimulant. Chez les individus épuisés par les maladies chroniques ou par la syphilis, chez les femmes nourrices et chez les enfants chétifs atteints d'affections intestinales anciennes et durables, la tisane ou le sirop et même les bains faits avec les feuilles de l'hypericum lanceolatum produisent d'excellents effets.

Douée d'une grande vertu réparatrice, cette plante est en même temps fort active comme sudorifique et comme dépuratif.

7. Faham (*Angrecum fragrans*).

Plante vivace, parasite sur les branches des vieux arbres. On en compte dans nos bois de nombreuses variétés.

Les feuilles fraîches sont odorantes et acquièrent, en séchant, un parfum plus exquis. Le pays n'a guère de boisson théiforme plus agréable et plus bienfaisante. Cette boisson est surtout efficace dans les catarrhes, en ce qu'elle facilite l'expectoration.

Employée le soir dans les appartements comme moyen de fumigation, elle soulage les asthmatiques qui en aspirent l'arome et leur procure le sommeil.

8. Capillaire (*Adiantum capillus Veneris*).

Le capillaire est légèrement aromatique et mucilagineux. Ses infusions sont bonnes pour les affections catarrhales peu intenses. Le sirop de capillaire s'obtient en versant sur ses feuilles du sirop de sucre bouillant. Ce végétal étant aussi un puissant sudorifique, on l'applique avec efficacité dans la rougeole, la varicelle et autres maladies analogues.

9. Guérit-vite, herbe divine ou herbe de Flack (*Sigesbeckia orientalis*).

C'est une des plantes les plus utiles de la Réunion. Employée autrefois par les empiriques seulement, elle a fini par occuper une place importante dans la pratique des médecins.

Elle est administrée à l'intérieur soit en décoction, soit en suc simplement extrait des feuilles.

Le guérit-vite est un puissant sudorifique; il entre comme base principale dans la préparation d'un sirop dont M. Ed. Périchon est l'inventeur. Ce sirop, auquel nous réservons plus tard une mention spéciale, figure dans nos envois.

Cette plante est employée avec beaucoup de succès contre le *tambave*, maladie commune chez les enfants à la Réunion, à Maurice et à Madagascar, contre les maladies dartreuses ou syphilitiques et contre les affections de la peau qui tendent à dégénérer en lèpre. Appliquée sur les ulcères, soit sous forme de cataplasmes, soit par l'aspersion de son suc, elle les dessèche et les cicatrise promptement. Pour les plaies vives et les brûlures, ce remède est populaire à la Réunion. Lorsque l'estomac a besoin de stimulant, l'infusion des fleurs du guérit-vite augmente la puissance digestive.

Douée, en outre, des mêmes qualités que la camomille, cette plante est encore plus efficace. Elle a un goût légèrement âpre et amer. Elle se multiplie dans nos champs à profusion et pendant toute l'année, et je crois qu'il serait facile de l'acclimater en France.

10. Bois cassant (*Psathura borbonica*).

C'est un arbrisseau que l'on trouve sur les pentes abruptes qui encaissent nos rivières. On attribue à ses feuilles une vertu stomachique. Administré sous la même forme que le thé, qu'il peut remplacer avec avantage, le bois cassant fournit une boisson aussi agréable que salutaire et qui est fort en usage dans le pays.

11. Racine de cascavelle de réglisse du pays (*Abrus precatorius*).

Les racines et les feuilles de cascavelle ont la même vertu que le jus de réglisse d'Europe. Quant aux graines, on en fait des montures d'épingles et des chapelets ; elles ont même servi en 1805 et 1806 à remplacer le plomb de chasse qui était fort rare à cette époque.

12. Racine et écorce de croc de chien, squine ou salsepareille du pays (*Smilax anceps*).

En mêlant cette plante à d'autres, les empiriques l'emploient contre les maladies syphilitiques. Je crois que c'est un des principaux ingrédients du sirop de Cuisinier et de Laffecteur. Le croc de chien est un excellent sudorifique, propre à seconder puissamment l'action des préparations mercurielles. On en fait usage aussi pour combattre les coliques vertes chez les nouveau-nés et dans certaines maladies graves de la première enfance nommées ici le *carreau* et le *tambave*.

On l'infuse dans de l'eau bouillante légèrement adoucie, en augmentant la dose selon la force des sujets. On l'emploie en lavements contre les maladies indiquées plus haut ; on baigne les enfants malades deux ou trois fois par semaine dans une forte décoction de râpure. La vertu principale du croc de chien réside dans l'écorce. La tisane faite avec cette écorce râpée est rafraîchissante, légèrement purgative, stomachique et dépurative. Les racines sont aussi employées comme dépuratif et entrent pour une forte part dans le sirop de M. Périchon, de Sainte-Marie. On s'en sert encore dans la préparation des tisanes destinées à combattre la dyssenterie.

13. Liane sans feuilles (*Sarcostemma mauritiana*).

Cette plante a des qualités souveraines pour guérir les femmes affectées de pertes de sang. Ce remède s'obtient de la manière suivante : on écrase une poignée de la liane sans feuilles, on la fait bouillir dans deux litres d'eau pendant quinze minutes et on la tamise ensuite dans un linge.

14. Bois de quivi (*Quivisia heterophylla*).

Ce bois a des propriétés sudorifiques et dépuratives; son écorce prise en tisane a la vertu d'aider au retour des évacuations périodiques des femmes.

15. Feuilles de lingue (*Mussacuda arenata*).

C'est un arbrisseau sarmenteux dont toutes les parties sont estimées dans la médecine populaire.

Les bains aromatisés avec ses feuilles sont stimulants, sudorifiques et d'une utile application aux cas de paralysie et de rhumatismes; on les emploie aussi pour les enfants scrofuleux et débiles. Les fleurs de cet arbrisseau acquièrent du parfum par la dessiccation, et, prise sous formes de thé, elles donnent un agréable breuvage. Le lingue a quelques-unes des qualités du quinquina. Les empiriques composent avec ses feuilles hachées une tisane à laquelle ils attribuent des vertus anti-dartreuses et anti-vénériennes. Le suc de cette plante réduit à l'état de sirop et mêlé à du suc de combavas guérit les bubons vénériens.

16. Bois de Nèfle (*Jossonia mespiloïdes*).

Il est utilisé par les empiriques dans les tisanes dépuratives.

17. Liane pour amarrage (Variété du *Sarcostemma mauritanica*).

Légèrement passée à la flamme, cette liane acquiert une souplesse qui la rend propre à remplacer dans bien des cas les cordes de chanvre ; elle a, de plus, l'avantage de se conserver longtemps à l'humidité.

18. Liane de Salam.

Les feuilles pilées et mélangées d'eau forment un puissant purgatif qui opère sans causer aucune irritation, mais le goût en est désagréable.

19. Bois jaune. (*Orchrosia borbonica*).

C'est un tonique qu'on emploie contre les coliques d'estomac, en faisant infuser un morceau de la longueur de l'index dans un litre de rhum ou de cognac. Ce végétal est dépuratif et sudorifique. Enfin il remplace le quinquina comme fébrifuge, surtout dans les fièvres intermittentes de Madagascar.

Ce remède n'a pas les inconvénients de la quinine, qui amène presque toujours l'obstruction du foie. Il a été administré jusqu'ici en décoction ; mais je suis convaincu qu'on en pourrait extraire un sel qui remplacerait avec avantage celui qu'on obtient du quinquina. Le bois jaune abonde dans la colonie.

20. Écorce de bois de fer (*Syderoxylon borbonicum.*)

Des infusions provenant du mélange de cette écorce avec la salsepareille du pays fortifient l'estomac et contribuent à la guérison des maladies syphilitiques.

21. Écorce de bois de bambarde (*Mithridalea tamburissa*).

Prise près des racines et absorbée sous forme de décoction

cette écorce est un puissant emménagogue. Jointe à l'écorce de quivi, à des cœurs et à l'écorce d'avocats, à la racine de safran marron et à l'absinthe de Neufchâtel, elle ramène les menstrues. Voici les proportions du mélange : 32 grammes de chacune des écorces désignées, 64 grammes de safran marron, une petite poignée de cœurs d'avocats et 10 feuilles d'absinthe pour quatre bouteilles d'eau qu'on fait réduire à trois. A l'époque du flux menstruel, la malade prend une bouteille par vingt-quatre heures pendant trois jours consécutifs. Cette bouteille, partagée en trois doses, se boit très-chaude, à cinq ou six minutes d'intervalle. La personne ainsi traitée doit avoir les pieds dans un bain chaud et tout le corps bien couvert, à l'exception de la tête. Une longue expérimentation de ce remède faite par M. Périchon, de Sainte-Marie, en a démontré l'infaillible vertu.

22. Écorce de bois de quivi (*Quivilia heterophylla*).

Cette écorce a les mêmes vertus que le bois d'où elle provient. Elle est précieuse surtout pour ses qualités hémagogiques.

23. Écorce de bois de nèfle (*Jossinia mespiloides*).

Cette écorce a des vertus dépuratives.

24. Écorce de bois d'andrèse (*Celtis Madagascarensis*).

C'est un arbre très-vivace et de grandeur moyenne. Son écorce mérite une attention toute particulière.

Le bois d'andrèse est depuis longtemps fort estimé à cause de ses vertus médicinales. On l'emploie de trois manières : ses feuilles donnent une tisanne astringente, bonne pour les flux de tout genre ; son écorce, d'un goût amer et douée des mêmes propriétés que le bois, est un excellent succédané du quinquina ; mais c'est particulièrement à l'état de charbon qu'on a coutume de l'employer. De temps immémorial , le charbon d'Andrèse a passé dans le pays pour être très-efficace contre les dyssenteries chroniques. Cette substance a le mérite d'être très-facile à pulvériser. Non-seulement elle possède la vertu désinfectante des autres charbons, mais encore elle conserve dans cet état la qualité astringente de l'écorce. Il faut probablement attribuer ce dernier avantage au mode de préparation qui consiste à détacher l'écorce par morceaux au fur et à mesure de sa carbonisation et à l'étendre immédiatement dans l'eau.

On l'administre ordinairement desséchée et réduite ordinairement en poudre dans la proportion d'un tiers au liquide qui sert à former la tisane. Selon que la nature du flux du sang exige une boisson rafraîchissante ou astringente, cette tisane se compose en général d'eau de riz et de simarouba, ou bien de chiendent, de la plante dite patte de lézard et de croc de chien. L'écorce non calcinée peut remplacer avantageusement le simarouba, dans le cas où une action astringente est nécessaire. La dose habituelle de tisane pour les adultes est de trois bouteilles par vingt-quatre heures.

Des selles où le charbon est rendu en grumeaux indiquent que le remède produit de bons effets.

En cas d'atonie du rectum, il convient d'employer sous forme de lavements celle de ces deux tisanes qui ont des vertus astringentes et de l'aciduler légèrement avec du vinaigre.

Voici les résultats de cette médication :

1° Les selles perdent leur odeur putride ;

2° La coloration même des selles est complétement modifiée ; quand les malades ont rendu le charbon qui nettoie le tube digestif dans toute son étendue, le médecin peut reconnaître le siége du mal par la nature des évacuations subséquentes.

3° Les borborygmes se calment ; les flatuosités qui causent aux malades de vives souffrances disparaissent ; enfin les contractions de l'intestin diminuent.

25. Écorce de bois de Maurou (*Andromeda pyrifolia*).

Les empiriques en font usage dans le traitement des maladies vénériennes.

26. Ecorce de tan rouge (*Weinmann macrostachia*).

On l'emploie très-avantageusement pour la préparation du cuir.

27. Ecorce de benjoin (*Terminalia mauritiana*).

Egalement utile à l'industrie des tanneurs, elle entre aussi dans la composition des onguents siccatifs ; enfin, utilisée à forte dose dans les clystères, elle constitue un remède efficace contre les flux de sang hémorrhagiques du rectum.

Cette écorce a, de plus, de remarquables propriétés curatives. Puissante à la fois comme sudorifique, comme dépuratif et comme astringent, elle s'emploie dans les pleurésies récentes en décoction et avec un léger mélange de vinaigre.

28. Ecorce de bois noir (*Acacia Lebbeck*).

Outre ses qualités astringentes, cette écorce fournit un charbon à brûler qui se consume lentement, donne beaucoup de chaleur et sert particulièrement au repassage du linge.

29. Ecorce de filaos (*Casuarina tenuissima*).

Elle est utile à un double titre : en médecine, comme astringent, en industrie, parce qu'elle sert à filer et à rendre plus foncée la couleur des percales bleues de l'Inde.

30. Ecorce de manguier (*Mangifera indica*).

Astringente comme la feuille du même bois, cette écorce renferme du tannin et sert pour les gargarismes.

31. Citronnelle (*Cymbopagum schœnantus*).

On en fait des infusions théiformes fort agréables et très-digestives. On y a reconnu des propriétés stimulantes antispasmodiques.

Le parfum de ses feuilles a beaucoup de rapport avec celui de la mélisse et du citron. Desséchées à l'ombre, les feuilles conservent leur odeur et pourraient entrer comme aromate dans la fabrication des liqueurs.

32. Ravin sacra (*Agathophyllum aromaticum*).

C'est une épice très-estimée.

33. Bois de ronces (*Rubus borbonica*).

Il s'emploie comme fortifiant dans les bains.

34. Écorce de bancoule (*Aleurites triloba*).

Cette écorce a les mêmes qualités que celles du tilao ; elle lui est même préférée parce qu'elle donne un joli lustre à la toile. J'ai aussi la conviction qu'elle pourrait rendre à la tannerie de véritables services qu'on ne lui a pas demandés jusqu'à présent.

35. Bois de reinette (*Dodonœa viscosa et angustifolia*).

C'est un sudorifique usité dans le traitement de la goutte et des douleurs rhumatismales.

36. Ayapana (*Eupatorium aromaticum ayapana*).

Toutes les parties de cette plante, les feuilles surtout, sont aromatiques, légèrement astringentes et sudorifiques.

L'infusion théiforme des feuilles active singulièrement une digestion laborieuse et soulage instantanément l'estomac. On en fait un grand usage à la Réunion. Un habitant de la colonie, M. Grosset, a préparé de l'*ayapana* sous forme de thé, et c'est avec raison qu'il a donné à cette préparation le nom de *thé colonial*. Le pays pourrait en fournir une quantité considérable.

37. La prèle (*Equisetum*).

Cette plante a une propriété diurétique et astringente. On l'administre en décoction après l'avoir fait sécher. C'est surtout contre l'accumulation des urines résultant de l'atonie de la vessie qu'on en conseille l'emploi ; mais il faut se garder d'appliquer ce remède lorsqu'il y a de l'inflammation.

38. Liane de bœuf (*Danais fragrans*).

Cette plante est douée, comme le quinquina, de vertus fébrifuges ; son écorce est employée aussi contre les affections dartreuses ; mais elle est surtout fébrifuge et tonique. M. Du Petit-Thouars, qui parle de cette plante, dit que les insulaires de Madagascar se servent de ses racines comme on se sert de la garance en France. Ils en retirent une belle couleur rouge ponceau dont ils teignent leurs pagnes.

39. Bois de sureau (*Leea sambuina*).

Ce bois est doué absolument des mêmes vertus que le sureau d'Europe.

40. Écorce de mahot (*Dombeya species*).

Cette écorce s'utilise en médecine comme astringent et en industrie comme matière textile pour la fabrication des cordages.

41. Ipéca du pays (*Secamone emitica*).

La décoction des feuilles de cette plante sert de vomitif. En raison de cet effet et de l'action tonique qu'il exerce sur les organes digestifs, l'ipéca est devenu un des moyens les plus usités et les plus efficaces dans le traitement de la dyssenterie chronique. On le donne aux enfants sous forme de sirop. On fait aussi avec la racine une poudre qu'on administre dans une légère infusion de fleurs de camomille. Des pastilles, préparées avec cette poudre et absorbées à plusieurs reprises dans la journée, agissent comme diaphorétique.

42. Carambolle marranne (*Averhoa carambola*).

Ce végétal a simplement des qualités rafraîchissantes.

43. Bois rouge a feuilles de laurier (*Eleudendron orientale*).

Les feuilles de cet arbre sont émollientes et s'emploient à même titre que les fleurs de sureau. Ses fruits donnent une huile bonne à divers usages.

44. Écorce de bois de natte (*Imbricaria maxima*).

Riche en tannin, cette écorce est très-astringente; elle pourrait aussi rendre d'utiles services dans la teinturerie.

45. Bois maigre (*Nuxia verticillata*).

Les empiriques attribuent à l'écorce de cet arbre de grandes vertus dépuratives.

46. Camomille (*Parthemium hysterophorum*).

Les fleurs de la camomille du pays sont fortement aromatiques. Prises en infusion, elles ont une vertu tonique et excitante ; elles servent également d'antispasmodique et de fébrifuge.

47. Gingembre (*Zinzibar zerumbel*).

La racine de gingembre a une saveur piquante et aromatique ; elle est stomachique, emménagogue et diurétique. On l'administre en poudre et en infusion.

Pilé et cuit dans l'huile de ricin ou de pignois d'Inde, le gingembre forme un liniment employé avec succès contre les douleurs rhumatismales.

Cette racine fournit encore une épice estimée.

48. Lait de papaye cristallisé (*Carica papaya*).

Le lait qu'on tire par incision de l'écorce et du fruit est un excellent vermifuge ; mais il faut l'employer immédiatement, car les tentatives faites jusqu'à présent pour le conserver ont été inutiles.

M. Ernest Manès a tenté la voie de la cristallisation, et il serait à désirer que ce moyen nouveau pût réussir mieux que les autres.

49. Ecorce de lilas (*Melia azedarachta*).

L'écorce du lilas et même ses racines sont vermifuges. Employées à forte dose en décoction, les racines peuvent être dangereuses et produire des effets cérébraux.

A la Réunion, on se sert aussi des feuilles vertes pour débarrasser les animaux des insectes parasites dont les troupeaux sont quelquefois infectés.

Dans l'Inde, on administre à l'intérieur quelques feuilles infusées comme stomachique et pour combattre les crises nerveuses et l'hystérie.

Le lilas éprouve à la Réunion une singulière affection, que M. Delavaux, pharmacien de la marine, a le premier signalée : c'est une glucosurie, ou pluie de sucre, dont il couvre tout ce qui se trouve sous son abri, au point de faire périr de langueur les autres végétaux.

Les feuilles s'emploient avec grand succès dans le traitement des coliques des chevaux. On les donne sous forme de breuvage ou de lavement.

50. Liane de poivrier (*Piper geniculatum*).

C'est une plante fortifiante et dépurative ; ses infusions guérissent le scorbut et les maladies de la bouche qui se déclarent chez les enfants.

51. Persicaire (*Polygonum serratum*).

On en tire un médicament fort estimé pour ses applications diverses. La racine a une saveur âcre et une propriété astringente. C'est un tonique d'un excellent usage dans les hémorrhagies passives, la diarrhée et les fièvres intermittentes. Une décoction de cette plante employée en injection guérit les écoulements chroniques du vagin et de l'urètre, cette même décoction refroidie et mélangée de jus de safran devient aussi un puissant hémagogue; mais, en ce cas, il faut l'appliquer pendant un mois entier, à la dose de trois tasses à thé par jour.

52. Tamarin en patte et en gousses (*Tamarindus indica*).

Le tamarin, qui a un goût fortement acide, est un tempérant d'une efficacité bien reconnue. Une tisane préparée avec sa pulpe est une limonade rafraîchissante que l'on prescrit dans les fièvres bilieuses et dans les irritations gastriques peu intenses. En rendant cette décoction plus forte, on obtient une boisson laxative assez énergique. Les Malgaches font un grand usage du tamarin pour se préserver des fièvres, et les Arabes ne voyagent jamais sans une bonne provision de cette pulpe salutaire.

53. Bois de chandelle (*Memecylon cordatum*).

Les cœurs de ce bois, hachés, pilés, et imprégnés de vinaigre, sont un puissant remède qu'on applique sur les testicules dans les engorgements causés par un effort ou par une chute.

54. Bois amer (*Carissa xyiopicron*).

Il est à regretter que cet arbre soit devenu fort rare. Façonné au tour, il prend un aspect métallique.

On en fait des gobelets et des coupes qui ont la propriété de rendre amer, dans l'espace d'une seule nuit, le liquide qu'on y infuse. La boisson acquiert alors une vertu stomachique et vermifuge.

Le bois amer conserve ses vertus à l'état de siccité. En le râpant alors, on obtient une poudre soluble et douée des mêmes propriétés que le bois vert.

Je crois devoir appeler l'attention toute particulière de S. E. le ministre sur deux préparations dues à un créole, M. Périchon, de Sainte-Marie, dont les lumières et le charitable dévouement ont toujours été au service des malheureux qui souffrent. Il a composé avec des plantes et des écorces de la Réunion un sirop dépuratif et un extrait de dessiccatif dont une expérience de plus de quarante années a constaté ici l'incontestable mérite.

Extrait dessiccatif.

Voici, d'après les indications de M. Périchon, les applications diverses que peut recevoir cet extrait :

1° On en peut prendre une quantité égale au volume d'une noisette et délayée dans une verre d'eau, pour laver, soir et matin, les plaies fongueuses ;

Pour injecter l'urètre dans les gonorrhées anciennes ou récentes ;

Pour injecter le vagin et le col de la matrice affectés de plaies cancéreuses ;

Pour gargariser fréquemment la gorge dans les esquinancies couenneuses ;

Pour laver les dartres vives ou farineuses ;

Enfin pour imbiber la charpie dont on couvre les plaies résultant de brûlures, charpie qu'il faut avoir soin d'humecter constamment avec cette dissolution.

2° Employé à l'état pur, l'extrait dessiccatif est étendu sur un linge ou sur une peau fine dont on couvre les ulcères, les plaies fongueuses et les dartres.

Pour les escarres dans la gorge, l'application se fait au moyen d'un faubert ;

Pour les furoncles charbonneux, les chancres et généralement toutes les plaies vénériennes ou dartreuses, une simple couche de l'extrait suffit.

3° On fait aussi avec l'extrait dessiccatif, en le mélangeant à froid de cérat, une pommade qui sert à panser les plaies détergées par l'emploi de l'extrait pur. Cette même pommade s'emploie en frictions pour raffermir les tissus et sécher la gale, la gratelle et autres maladies du derme. Les soins qu'exige la préparation de cet extrait et le nombre des plantes qui entrent dans sa composition le rendent extrêmement coûteux.

Si l'on jugeait utile d'en demander à l'inventeur, un pot de la grandeur de ceux qui ont été envoyés, ne pourrait revenir à moins de 100 fr.

Sirop dépuratif.

Ce sirop est exclusivement composé de substances végétales.

Employé à la Réunion depuis un très-grand nombre d'années, il a toujours produit les meilleurs résultats.

Il guérit :

Les maladies cutanées de nature dartreuse ou vénérienne, la goutte, même ancienne, le carreau et le tambave qui atteignent les enfants ;

La syphilis à tous les degrés avec plus ou moins de promptitude selon l'intensité du mal, l'âge ou la constitution du malade ;

Le scorbut et généralement toutes les âcretés du sang ;

Les engorgements des glandes, même à l'état cancéreux ;

Absorbé pendant une grossesse, ce sirop agit avec tant de puissance que des mères, qui ne pouvaient jusque-là conserver aucun enfant, en ont aujourd'hui d'une constitution et d'une santé parfaites.

Il a également la vertu de ramener l'évacuation périodique chez les femmes même après un long temps de suppression.

Le sirop dépuratif est administré à doses progressives chez les adultes : on commence par une cuillerée à bouche le matin à jeun, puis on augmente la dose d'une cuillerée tous les quatre ou tous les huit jours, selon la force du sujet et la gravité du mal. Dans les conditions ordinaires ou chez les malades faibles, le maximum de l'absorption ne doit pas dépasser quatre cuillerées par jour, tandis que des personnes plus robustes peuvent arriver à prendre huit cuillerées tous les matins.

Le traitement habituel est de six bouteilles pour les cas simples et de douze pour les cas graves. On est souvent obligé de recommencer lorsque les affections sont intenses et rebelles ; mais alors il faut au moins un mois d'intervalle entre ces deux traitements, et on commence le second par deux cuillerées au lieu d'une,

La cuillerée à bouche contenant une dose de sirop trop forte pour les enfants, on ne leur en donne qu'une cuillerée à café.

Pendant la durée du traitement, le malade prend tous les jours trois tasses à thé d'une décoction d'herbe divine ou guérit-vîte (*Siegesveckia orientális*). A défaut d'herbe divine, on peut employer la salsepareille ou toute autre plante sudorifique.

Il est indispensable aussi que la personne soumise à ce traitement se purge tóus les huit jours ; mais il faut soigneusement éviter l'usage des purgatifs huileux.

Quant au régime alimentaire, le malade doit s'interdire complétement les acides, les corps gras, le laitage et les spiritueux.

Le sirop dépuratif, tel que nous l'avons envoyé à l'exposition, est fortement concentré. On sera donc obligé, pour s'en servir, de le mélanger avec un volume quintuple de sirop de sucre, ce qui donnera six bouteilles pour une.

L'inventeur est à même de satisfaire à toutes les demandes qui pourraient lui être adressées de la métropole, et le prix de la bouteille de sirop non concentré serait de 5 francs.

Les plantes et les écorces médicinales de la Réunion n'ayant été jusqu'ici l'objet d'aucun commerce, il m'a été impossible d'en indiquer la valeur marchande, comme je viens de le faire pour les deux préparations dues à M. Périchon de Sainte-Marie ; mais on peut affirmer hardiment, vu l'abondance de ces précieux végétaux, qu'ils n'atteindront jamais des prix assez élevés pour nuire à leur exportation, si la France veut profiter de cette importante ressource, d'une de ses plus belles colonies.

PLANTES ALIMENTAIRES, FRUITS, ÉPICES, CONDIMENTS, GRAINS ET GRAINES, PLANTES TEXTILES, FILAMENTS ET FEUILLES UTILES, DIVERS PRODUITS AGRICOLES.

Cannes à sucre (Saccharum officinarum). — Je crois inutile de décrire ce précieux roseau. Personne n'ignore que c'est une des plus grandes et des plus belles espèces de graminées, que la tige en est droite et atteint de quatre à cinq mètres de hauteur, qu'il est originaire de l'Inde et qu'il a été répandu dans toutes les colonies intertropicales.

Autrefois on ne cultivait guère à la Réunion que la canne

blanche ou jaune de Java, variété remarquable par la beauté du sucre qu'on en retire et dont l'introduction est due à Bougainville. Mais cette espèce ayant été frappée, à partir de l'année 1843, d'une maladie qui amenait un dépérissement ruineux pour l'industrie sucrière, il a fallu l'abandonner.

On l'a remplacée par la canne rouge d'Otahiti, qui, plus vivace que la canne blanche, n'exige point, comme celle-ci, des terres spéciales et résiste mieux à l'ouragan.

Excepté dans les terres les plus profondes et les plus riches du littoral, la canne blanche ne donnait que des résultats médiocres. Les terres argileuses de la région moyenne ne lui convenaient pas, tandis que la canne rouge y prospère mieux peut-être que partout ailleurs; et cette circonstance n'est point étrangère à l'accroissement si considérable de notre production, accroissement dont les causes seront indiquées dans la partie de ce travail où je m'occuperai de l'industrie sucrière.

Outre la canne rouge, dont l'exploitation est devenue générale, on cultive aussi, particulièrement dans les localités sèches, la canne *Diard*, qui porte le nom de son introducteur (1), et la canne de Pinang, dite chinoise, qui est recherchée pour les fortes terres marécageuses et pour les terres neuves provenant d'anciennes caféiries. L'âge auquel on coupe généralement la canne à la Réunion varie de vingt-deux à vingt-huit mois.

Dans quelques endroits privilégiés, le même plant donne plusieurs coupes; mais la très-grande majorité des planteurs n'en fait que deux, ce qui constitue en moyenne pour la terre un travail de quatre années après lequel un repos lui est indispensable. Il y a des terrains de qualité supérieure qui permettent d'abréger cette période de travail en obtenant la recoupe au bout de quatorze mois.

Fruits. — Les fruits de la Réunion ont toujours joui, pour leur parfum et leur saveur, d'une réputation méritée.

Nous citerons en première ligne la mangue, dont la pulpe, légèrement aromatisée, est d'un goût exquis, et qui se multiplie facilement par marcottes d'approche.

(1) C'est une variété de l'espèce blanche de Java, mais que la maladie n'atteint pas.

Sans espérer beaucoup que ces marcottes puissent résister à l'épreuve d'une longue traversée, nous avons cru pouvoir hasarder une tentative pour offrir à la métropole quelques échantillons des plus précieux de nos arbres fruitiers.

Olives obtenues par greffe. — Dans le haut de sa belle propriété de Savannha à Saint-Paul, dans le magnifique jardin d'Oraire, un homme dont l'initiative toujours hardie, judicieuse et féconde, a laissé des traces durables à la Réunion, son pays adoptif, feu M. Le Marchand, avait tenté la naturalisation de presque tous les fruits d'Europe, et on lui doit particulièrement des abricots, qui n'ont rien perdu, sous le climat tropical, de la délicatesse pour laquelle ce fruit est si recherché en France.

Des branches d'olivier provenant de la métropole ont été greffées par ses soins sur des oliviers du pays.

Cette expérience a pleinement réussi, comme on en pourra juger par le flacon d'olives que l'obligeance de M. Hoareau-Lasource, propriétaire actuel de Savannha, nous a permis d'envoyer à l'Exposition permanente.

MAÏS, HARICOTS, RIZ, BLÉ, EMBREVADES, AVOINE, LENTILLES,
GRAINES DE LIN.

Maïs. — Le maïs, originaire de l'Amérique méridionale, est cultivé dans toutes les parties du monde, surtout entre les tropiques. On peut le semer dans n'importe quelle saison. Il se développe promptement et se récolte au bout de quatre ou cinq mois, selon les localités. C'est une ressource précieuse pour les pauvres. Bien des habitants nécessiteux se nourrissent de ses grains grossièrement pulvérisés, vannés et cuits à l'eau avec du sel et quelquefois du safran. Il fournit aussi une nourriture excellente pour les animaux en général.

On cultive à la Réunion trois espèces de maïs : le rouge, le blanc et le grenat. La première de ces variétés est la seule produite en quantité considérable. Le maïs blanc est cependant recherché dans quelques localités où il réussit mieux pendant l'hiver, de juin à août. Quant au maïs grenat, il pousse vite, mais il ne se conserve pas bien.

Le rendement de ce grain par hectare varie depuis 1,000 jusqu'à 2,000 kilogrammes. Le prix habituel et moyen est de 10 fr. par 50 kilogrammes.

On a souvent reproché aux grands propriétaires ruraux de négliger la culture des vivres. Ce reproche ne m'a jamais paru fondé. La production en grains et en racines est énorme. Seulement on perd de vue que chaque habitation sucrière consomme, pour l'entretien du charroi d'exploitation et pour les autres animaux de ferme, une quantité de maïs qui peut s'élever annuellement jusqu'à 50,000 kilogrammes. Ce grain forme l'alimentation principale des mules. L'ancienne population esclave s'accommodait parfaitement de cette nourriture; mais les engagés que nous tirons aujourd'hui de l'extérieur, et qui constituent presque exclusivement la force active de toutes nos exploitations agricoles ou industrielles, ne l'aiment point. Il n'est donc pas surprenant qu'on ait cessé de cultiver le maïs en vue de l'alimentation publique, et que le riz, qui est d'ailleurs un élément de fret très-précieux pour les voyages intermédiaires des navires, soit devenu la base de nourriture la plus généralement adoptée.

Haricots. — Cette fève est cultivée sur une grande échelle dans quelques localités seulement, telles que Saint-Leu, Saint-Louis, Saint-Pierre et surtout dans la région intérieure de l'île, c'est-à-dire à Salazie.

Nous avons formé une collection aussi complète que possible des diverses espèces cultivées à la Réunion.

Le rendement obtenu à Salazie varie depuis 50 jusqu'à 120 pour un.

Des quantités considérables de ce produit se vendent à l'administration de la marine et aux navires du commerce.

La localité que nous avons nommée tout à l'heure fournit à elle seule plus de 200,000 kilogrammes par an, qui sont livrés à Saint-Denis, au prix de 20 à 25 francs les 50 kilogrammes.

Riz. — Ce grain, qui est, comme nous l'avons dit plus haut, la base de notre alimentation, nous vient de l'Inde, d'où nous en tirons annuellement plus de 100,000 balles. (La balle est de 75 kilogrammes. On cultive cependant à la Réunion du riz auquel le sol communique des qualités supérieures : d'un goût exquis, d'une digestion facile, excellent pour les estomacs faibles et pour les malades, il égale au moins le riz blanc de Madagascar. On le fait venir dans les lieux humides, dans les terrains marécageux du littoral, dans quelques endroits montagneux, dans les défrichés enfin où il profite de la fraîcheur résultant de pluies presque continuelles et de l'engrais que lui fournissent les détritus végétaux.

Malheureusement ce produit, trop peu abondant même pour alimenter nos tables, ne saurait devenir un objet d'exportation. Le riz créole vaut 20 à 25 francs les 50 kilogrammes, c'est-à-dire environ le double du prix moyen auquel se cotent ceux de l'extérieur.

Je crois devoir appeler l'attention sur l'échantillon de riz (un baril) déposé à l'Exposition coloniale. Sans être remarquable par la beauté du grain, l'espèce qui a fourni cet échantillon peut offrir de l'intérêt aux cultivateurs métropolitains : elle semble convenir particulièrement aux régions élevées, car on la cultive avec un plein succès dans la commune de Saint-Pierre, à 600 mètres au-dessus du niveau de la mer.

Blé. — Les céréales occupaient autrefois une place importante dans les cultures de la Réunion, qui faisait même des envois de blé assez considérables à Maurice. Aujourd'hui ce genre d'exploitation est presque complétement abandonné.

C'est encore de l'Inde que nous tirons le blé nécessaire à l'alimentation des troupes et de la partie de la population qui ne consomme point de riz ou qui en consomme peu.

Néanmoins, la colonisation de la plaine des Cafres et surtout celle de la plaine des Palmistes semblent destinées un jour à raviver la culture des céréales en lui offrant les conditions de terroir les plus favorables.

Des renseignements puisés sur les lieux m'autorisent à croire que l'hectare ensemencé en blé produirait jusqu'à 1,500 kilogr.

Ambrevades. — L'ambrevadier (*cytisus cajanus*) nous est venu

de l'Inde, ou, selon quelques personnes, de la côte d'Afrique.
L'espèce la plus commune vit deux ans, mais quelques variétés
de cet arbuste sont trisannuelles. Il est cultivé à la Réunion dans
toutes les zones et sert aux assolements des terrains consacrés à
la production du sucre. Vraiment précieux à ce titre, il fournit de
plus par ses feuilles un excellent engrais végétal. Enfin ses grains
donnent une nourriture dont les animaux se montrent très-
friands, et qui est même recherchée sur nos tables.

Malheureusement, ce grain est d'une conservation difficile : il
faut de grands soins pour le défendre des insectes qui l'attaquent
avec beaucoup d'avidité.

C'est afin de conjurer autant que possible ce fléau que les
échantillons destinés à l'Exposition permanente ont été saupou-
drés de cendre.

L'ambrevade à grappes, qui est mouchetée de vert et de brun,
est l'espèce la plus précoce et la plus estimée comme aliment.

L'ambrevadier à grains blancs est plus haut, plus vivace et
plus riche en feuilles. C'est celui que l'on préfère pour l'assolement. La tige fournit un excellent combustible pour la fabrication
du sucre.

Avoine. — L'avoine a eu dans le pays le même sort que le blé.
La Réunion, d'ailleurs, compte peu de localités qui lui soient
propices.

Ainsi que je l'ai déjà constaté, la nourriture habituelle de nos
animaux de trait est le maïs, dont nous tempérons les propriétés échauffantes, en y mêlant soit du *gram*, fève que nous tirons de
l'Inde, soit des racines de manioc, plante sur les vertus de laquelle j'aurai bientôt l'occasion de revenir.

Il suit de là que la culture de l'avoine est presque exceptionnelle à la Réunion.

Lentilles, graines de lin. — Ce sont encore là des cultures fort
rares ici. Toutefois, quelques habitants de la région sous le vent
de l'île ne les ont point abandonnées, et les remarquables échantillons qui figurent parmi nos envois sont une preuve nouvelle
de cette vérité incontestable, que notre belle colonie ne se refuse
à aucune production utile.

Croton tiglium. — Ce végétal nous a été apporté de la côte de Malabar. Il se multiplie avec une grande facilité par semis ou par boutures et fleurit au bout de dix-huit mois. Tous les terrains lui conviennent pourvu qu'ils soient à l'abri du vent. Un seul plant de croton bien venu peut donner un kilogramme de graines. Cette graine est très-oléagineuse, et personne n'ignore que son huile a des vertus médicinales.

C'est en déterminant une irritation dans le canal digestif qu'elle agit comme purgatif et comme émétique. Toutes les parties de la plante ont la même propriété. Obtenu par une pression à froid, le produit est beaucoup plus énergique que lorsqu'il est préparé à l'eau chaude.

Deux ou trois gouttes d'huile de croton mêlées à du sirop de sucre déterminent, chez la plupart des sujets et sans aucun danger pour eux, des évacuations abondantes. On se sert de la même huile en frictions sur l'ombilic, et quatre gouttes suffisent dans ce cas pour opérer la purgation.

Jusqu'à présent le croton tiglium a été négligé par les cultivateurs de la colonie; mais s'il est vrai qu'à Paris l'hectogramme d'huile provenant de ce végétal se paye six francs, leur attention se portera indubitablement sur une culture aussi productive.

Noix de bancoulier (aleurites tribola). — Le bancoulier a déjà trouvé place dans la nomenclature des bois de la colonie. J'ajouterai que c'est un bel arbre de décoration. La noix de cet arbre, dont je m'occupe particulièrement ici, germe bientôt là où on la sème, et produit un sujet qui n'a pas besoin de transplantation. Le bancoulier rapporte beaucoup. On extrait de la noix une huile abondante qui s'obtient par une pression à froid ou par l'action de l'eau bouillante.

Cette huile, grasse et douce, réside dans l'endosperme charnu de la noix, tandis que l'embryon est doué, comme tous les euphorbes, d'une vertu purgative.

Du reste, quand je parlerai des huiles en général, j'aurai l'occasion de revenir sur celle de bancoulier. Les feuilles de cet arbre agissent puissamment comme sudorifique; les habitants du pays les appliquent vertes autour du front pour calmer les maux de tête.

La noix du bancoulier n'est l'objet d'aucun commerce à la Réunion, et j'en indiquerai plus tard le motif.

Noix de pignon d'Inde (jatropha carcas). — Le pignon d'Inde, plus généralement connu sous le nom de médicinier, est un arbrisseau originaire de l'Amérique méridionale. Il se multiplie facilement par boutures et se développe très-vite sans qu'il soit nécessaire de le transplanter : au bout de huit mois, les plants fleurissent.

Le pignon d'Inde croît partout à la Réunion. Il peut servir d'abri aux caféiers.

Je renvoie également au chapitre des huiles la mention toute spéciale que mérite celle qu'on tire de la graine ou noix de cet arbrisseau.

Cardamome. — On désigne sous ce nom dans le pays une épice excellente dont la culture est encore toute récente, mais qui déjà réussit parfaitement dans quelques localités, telles que Sainte-Rose et Saint-Pierre.

Clous de girofle (caryophyllus aromaticus). — Le giroflier, originaire des Moluques, est un des plus élégants et des plus beaux arbres que voie naître le soleil brûlant de l'Inde. Sa forme est celle d'une pyramide.

On eut beaucoup de peine à l'introduire à l'île de France; Bourbon, au contraire, s'enrichit facilement de ce précieux arbuste, qui fut longtemps un des principaux éléments de sa fortune. La région du Vent surtout était couverte, à la zone moyenne de culture, de magnifiques girofleries dont les produits obtenaient quelquefois le haut prix de six à douze francs le kilogramme. Ces résultats étaient d'autant plus beaux que, de toutes nos exploitations agricoles, celle du giroflier est la moins dispendieuse.

Aujourd'hui, malheureusement, cette culture est pour ainsi dire abandonnée.

Deux causes expliquent ce fait regrettable.

C'est d'abord l'avilissement du prix de la denrée, dont le maximum est actuellement de 80 à 90 centimes par kilogramme. La concurrence que nous a faite l'énorme production de Zanzibar et de Mascate n'est pas étrangère à cette effrayante dépréciation, qui a poussé les grands propriétaires de la Réunion à abattre leurs girofleries pour y substituer des plantations de cannes.

En second lieu, les ouragans sont venus détruire bien des girofleries qui étaient restées debout dans certains quartiers de l'île, et qu'on eût certainement replantées si l'abaissement excessif du prix de vente n'avait pas découragé les producteurs.

La culture du giroflier est donc devenue le partage exclusif des plus modestes propriétaires du sol, à qui l'état de leurs ressources rend difficile un changement d'exploitation, fût-il même avantageux.

Quelques chiffres donneront un aperçu exact des diverses phases dans lesquelles cette culture est entrée à la Réunion.

En 1815, l'époque la plus lointaine où j'ai pu remonter par des documents authentiques, notre exportation en girofle était de 131,000 kilogrammes.

L'élévation du prix de vente fut un stimulant énergique pour la production, qui prit un développement graduel et considérable. De 1825 à 1829, période qui marque l'apogée de l'exportation, la moyenne quinquennale représente 800,000 kilogrammes par an.

L'ouragan de 1829, effroyable désastre qui a laissé de profonds souvenirs dans notre pays, ne put arrêter cet essor. On replanta les girofleries détruites, le prix rémunérateur étant assez élevé encore pour exciter le zèle de ceux qui se livraient à cette culture.

D'ailleurs il paraît incontestable que la tempête de 1829 frappa moins cruellement le girofle que le café. Par suite de ces deux causes réunies, l'exploitation du girofle ne diminua pas sensiblement jusqu'en 1849, où elle s'élevait au chiffre de 728,000 kilogrammes.

Mais le véritable point de départ de la décadence fut l'année 1850. A cette époque, comme nous l'avons indiqué plus haut, la dépréciation était telle, que l'abatage des girofleries était devenu à peu près général. L'affreux coup de vent qui renouvela le 1er mars 1850 les désastres de 1829, acheva l'œuvre ; car non-seulement il détruisit la plupart des girofleries qu'il trouva debout, mais il frappa même d'une stérilité passagère celles qui échappèrent à sa fureur. Ce qui le prouve, c'est que l'année 1852 a vu notre production en girofle descendre jusqu'au chiffre insignifiant de 32,000 kilogrammes, et que, depuis six ans, cette production, sans avoir été amoindrie par aucune tempête nouvelle, n'a pu remonter cependant qu'à 200,000 kilogrammes, c'est-à-dire au quart de l'ancienne exportation, limite qu'elle semble ne pouvoir plus dépasser.

Cacao (theobroma cacao). — Le cacaoyer est originaire du Mexique où il croît naturellement. Ce n'est guère qu'à la fin du xviiie siècle que les Français se sont adonnés dans leurs colonies à la culture facile et lucrative du cacao. A la Réunion, le cacaoyer atteint une hauteur de 4 à 5 mètres. Il fleurit à l'âge de trois ou quatre ans, et vit de vingt-cinq à trente ans.

Tout le monde sait que les graines de cacao, séchées au soleil et torréfiées, entrent comme base principale dans la fabrication du chocolat, et que l'amande du même fruit donne une huile qui forme une pâte connue sous le nom de beurre de cacao, genre de liniment très-employé pour les rhumes de cerveau, la toux, les maladies de poitrine, les gerçures aux mamelles, etc., etc.

Le cacaoyer, qui affectionne surtout les lieux abrités du vent et du soleil, avait sa place toute marquée dans nos caféiries. Il résulte de là que, depuis la destruction presque générale de ces dernières, la production du cacao a sensiblement diminué ici, que l'exportation en est maintenant à peu près nulle, puisqu'elle ne dépasse plus 100 kilogrammes par an.

Aussi serait-il à désirer que cette culture se relevât, et qu'elle devînt parmi nous, de même qu'au Brésil, l'objet d'une large et sérieuse exploitation.

Pois de Mascate ou *pois noir* (Alsicassus Styracifolius). — Le pois amer, dont on se servait pour refaire les terrains fatigués par la canne à sucre, ayant dégénéré à la Réunion, il a fallu remplacer ce mode de couverture : de là l'introduction du pois de Mascate, dont le nom indique l'origine. Cette plante joue donc ici un grand rôle dans l'assolement.

Son feuillage rampant et touffu abrite le sol et le fait disparaître sous une espèce de bourre épaisse, très-favorable à la composition de l'humus.

Les plus habiles cultivateurs enterrent ce matelas de verdure lorsque la plante est dans toute la force de sa végétation et avant qu'elle sèche : c'est alors un fumier naturel de premier ordre.

Le pois que ce végétal donne en abondance n'est point une substance alimentaire pour l'homme ; jusqu'à présent, du moins, les essais tentés dans ce but n'ont pas réussi. Le pois noir étant à la fois gros et dur, il est aussi difficile de le moudre que de le faire cuire. J'ai cependant la conviction que si on le réduisait en farine, et que l'on corrigeât par un mélange quelconque son âcreté naturelle, ce pois aurait des propriétés nutritives très-précieuses.

Les envois qui en ont été faits pourraient donc donner lieu à des expériences utiles.

Comme matière d'alimentation, le pois noir n'est encore utilisé dans la colonie que pour la nourriture des porcs et des bêtes à cornes. Vert ou sec, cru ou cuit, il sert également bien à l'engraissage.

Les animaux nourris avec les pois de Mascate présentent à la boucherie ce phénomène curieux que les organes internes, les intestins et l'estomac surtout, ont une teinte noirâtre que la cuisson ne fait pas entièrement disparaître. Cette singularité, toutefois, n'influe pas sur le goût de la viande. La couleur sombre qu'on y remarque lui est communiquée par l'enveloppe, d'où le pois de Mascate tire son nom vulgaire de pois noir.

On aurait essayé, si mes informations sont exactes, d'extraire la brillante couleur de ce tégument, et les produits obtenus seraient assez remarquables.

Le pois noir est une plante annuelle, robuste et vivace ; il croît partout et se multiplie très-aisément en toute saison. Les semis se font à la volée dans les terrains récemment nettoyés.

Je crois que le pois de Mascate réussirait en France, surtout dans le Midi, de même que la plupart de nos végétaux annuels qui perdent régulièrement leurs feuilles.

Café (coffea). — On sait que l'introduction du caféier en France remonte à l'année 1664, époque où le grand roi en but la décoction pour la première fois. Trois plants furent confiés au capitaine Desclieux, chargé de les transporter à la Martinique. Pendant la traversée deux de ses plants périrent ; le troisième, sauvé par les soins du capitaine, qui se privait, pour l'arroser, d'une partie de sa ration d'eau, devint la souche des belles caféiries des Antilles. Peu de temps après, Bourbon fut à son tour doté de ce précieux arbrisseau, venu directement de l'Yémen par l'initiative du gouvernement de l'Ile-de-France, et les vieux habitants de la colonie parlent toujours avec enthousiasme des magnifiques plantations de caféiers qui embellissaient notre île.

Pendant de longues années, la culture du café a été le principal élément de la fortune de ce pays. La plus brillante période quinquennale de cette culture est celle qui s'étend de 1824 à 1829, où la moyenne de l'exportation annuelle a été d'environ 2 millions de kilogrammes.

Nous sommes aujourd'hui bien loin de ce chiffre, car, en 1856, la Réunion n'a livré au commerce métropolitain que 250,000 kilogrammes de café, c'est-à-dire le huitième de son ancienne production.

Plusieurs causes expliquent ce profond et regrettable déclin.

Je dois signaler en première ligne les grandes perturbations atmosphériques, et notamment celle de 1829 qui a bouleversé presque toute la colonie. Ce terrible ouragan, nous avons eu l'occasion de le constater plus haut, a surtout été funeste aux caféiers. Les états de la douane en fournissent une preuve irrécusable; pendant la période quinquennale de 1829 à 1834, la moyenne de l'exportation annuelle en café n'a été que de 87,400 kilogrammes. C'est une diminution de 50 p. 0/0 sur lapériode précédente. Les nombreux coups de vent qui se sont succédé depuis l'année 1844, et particulièrement l'affreuse tempête du 1er mars 1850, ont encore augmenté ledommage. A la suite de ce dernier ouragan, c'est-à-dire en 1851, nos exportations de café se sont réduites au chiffre misérable de 69,800 kilogrammes.

Ce fait suffit pour attester l'influence désastreuse des bouleversements atmosphériques sur cette riche et délicate culture. Mais une cause de décadence, peut-être plus sensible encore, a été la maladie des *bois noirs*. Ces arbres, qui étaient regardés ici comme la seule protection efficace du caféier, ayant été frappés presque partout de dépérissement et de mort, les planteurs découragés se sont abstenus pour la plupart de relever leurs caféiries abattues par le vent. Il faut ajouter, enfin, que la culture du café s'est u détrôner par une autre production beaucoup plus lucrative, celle du sucre. Envahissant toutes les terres et avides surtout de celles qui, longtemps engraissées par une verdure fertilisante comme celle du bois noir, étaient susceptibles de donner des produits magnifiques, les plantations de cannes ont remplacé ces belles caféiries qui faisaient de Bourbon une sorte d'immense verger plein de fraîcheur et de charme (1).

(1) Vers la fin du dernier siècle, on comptait déjà dans la colonie 8,541,745 pieds de caféiers ; ce chiffre a dû être beaucoup plus considérable avant 1829.

Je dois le dire cependant, lorsqu'il y a peu d'années les colons purent concevoir des inquiétudes légitimes sur leur avenir industriel, on songea à se ménager une ressource contre les formidables éventualités qui semblaient menacer alors la production du sucre. La culture du café fut reprise sur quelques points de l'île, d'autant plus qu'on reconnut qu'en l'absence des bois noirs, d'autres arbres existant dans le pays pourraient à la rigueur servir d'abri aux caféiers. Il serait à désirer que le sage retour à la plus importante de nos cultures secondaires, celle qui a fait autrefois la réputation et la fortune du pays, prît un caractère plus général. Non-seulement nous aurions un riche produit de plus, mais encore de vastes et nombreuses caféiries, en regarnissant nos coteaux aujourd'hui dénudés et arides, contribueraient à fertiliser le sol, et peut-être même à nous rendre le bienfait des pluies régulières.

Les variétés cultivées actuellement à la Réunion sont :

1° Le caféier de *Moka*, dont l'introduction dans le pays est fort ancienne. Supérieur à toutes les autres espèces que nous possédons, il est facile à élever, il aime l'ombrage, il rapporte de bonne heure : mais sa dégénérescence l'a rendu délicat, et souvent il meurt après avoir fourni une belle récolte, s'il ne se trouve pas dans toutes les conditions favorables à sa végétation.

2° Le caféier *Le Roy*, portant le nom du capitaine qui en fut l'introducteur à la Réunion. Il croît en boule ; il est robuste et demande moins d'abri que les autres variétés ; il se développe moins vite que le caféier de Moka, mais il résiste mieux à toutes les causes de dépérissement.

Comme saveur, le café Le Roy occupe le dernier rang parmi les espèces cultivées.

Il est aisé de le reconnaître par la forme de son grain, qui est aigu à l'une de ses extrémités.

Dans le cirque intérieur de l'île, à Salazie, c'est le seul qu'on plante, parce que c'est le seul qui convienne à la nature du climat et du sol.

3° Le caféier *Myrte*.

Sans avoir la même apparence que le moka, le café myrte n'en est probablement qu'une variété. Un fait remarquable vient à l'appui de cette opinion : il arrive que, dans un semis fait exclusivement avec du café myrte, on trouve des plants de moka. Cette espèce a un double mérite : elle donne d'excellents produits et présente des garanties de longévité très-précieuses pour le cultivateur.

4° Le caféier *marron* ou *sauvage*.

Détruit dans la région moyenne par la hache des planteurs ou des charbonniers, il n'existe plus que dans les hautes forêts de l'île. Son grain est peu aromatique, mais il a une saveur forte et amère, qui devient agréable quand on le mélange avec des variétés précédentes. Il est même fort recherché en France. Infusé à l'état pur, il a des propriétés enivrantes. Le caféier marron pourrait être cultivé avec avantage dans la deuxième zone, et peut-être le caféier de moka, greffé sur cette vigoureuse espèce, acquerrait-il les conditions de durée qui lui manquent.

Je dois citer encore le caféier d'Eden et le caféier *bâtard*; mais ils sont trop peu répandus dans la colonie pour exiger une mention spéciale.

Le prix actuel du café à la Réunion varie, suivant la qualité et la préparation, de 85 à 100 francs les 50 kilogrammes.

Les produits exposés par M. Alphonse Frappier, de Saint-Pierre, méritent tout particulièrement l'attention.

Ces cafés ont été préparés par une méthode nouvelle due à l'esprit inventif de M. Frappier lui-même. Dans un pays où la main-d'œuvre augmente si largement le prix de revient de toute chose, c'est un mérite rare que de procurer à une industrie quelconque une économie de bras considérable; et ce mérite est double lorsque la qualité du produit s'élève en même temps que diminuent les frais de manutention. C'est précisément ce qui a lieu dans l'application du procédé qui m'occupe. Aussi le jury d'exposition locale a-t-il décerné une médaille d'or à M. Frappier pour sa nouvelle méthode de préparation du café, dont je vais essayer de rendre compte à l'aide des renseignements fournis par l'inventeur.

1° Immédiatement après la cueillette, le café est porté au moulin à décortiquer. Un seul moulin peut suffire à trente barriques par jour. Il arrive quelquefois qu'on est obligé de faire repasser les peaux au moulin: c'est lorsqu'il se trouve des grains secs parmi les grains mûrs.

2° Le bon grain est porté dans des barriques à vin sciées en deux, qui servent de cuves. En trempant de douze à dix-huit heures dans une petite quantité d'eau, il se débarrasse du mucilage qui l'entoure.

Avant de retirer le café des cuves, on enlève tous les grains qui flottent sur l'eau et qui constituent ce que l'on appelle le triage. C'était là avec l'ancienne méthode, une longue et difficile opération.

3° Au sortir des cuves, le café est exposé au soleil, et, après huit jours de séchage, on peut le piler. Pendant que le café sèche, on fait disparaître le peu de coques qui ont résisté à l'action du moulin.

4° Un homme peut, en un jour, piler trois balles de café (150 kilogrammes), les passer au ventilateur et les emballer.

Il arrive quelquefois que le café *Le Roy* n'est pas entièrement dépouillé de la pellicule grisâtre qui l'enveloppe. Il faut alors recourir au pilon, et, dans ce cas, un homme ne fournit que deux balles et demie par jour.

Pour faire ressortir les avantages de cette nouvelle méthode, il importe de décrire celle qui est généralement en usage.

1° Après la cueillette, le café est porté au séchoir où il doit fermenter. Là, on le tourne et on le retourne pendant quarante jours. Ce mode de préparation exige des sécheries immenses, car, outre que le café encore revêtu de son enveloppe tient trois fois plus de place que celui qui est décortiqué, une cueillette entière doit être séchée en même temps. Au contraire, le café préalablement décortiqué ne demande que huit jours de soleil, et peut même sécher à l'ombre. En outre, dans une série de journées pluvieuses, on peut, sans inconvénient, le rentrer au magasin, tandis que le café en coques se corrompt dès qu'il n'est plus exposé à l'air.

2° Il faut cinq jours à un homme pour préparer une balle de café traité par l'ancienne méthode.

J'ai sous les yeux les attestations de deux agents de change de Saint-Pierre certifiant que, pendant les années 1855 et 1856, les cafés moka et les cafés Le Roy de M. Alphonse Frappier se sont vendus dix francs de plus par cent kilogrammes que ceux des autres producteurs. Il paraît que cet avantage leur est maintenu en France, car de récentes communications annoncent que les cafés de M. Frappier sont demandés à Paris, et qu'on offre de les payer trois cents francs les cent kilogrammes.

Voici comment l'inventeur du moulin à décortiquer calcule lui-même les bénéfices résultant de sa méthode sur sa récolte de 1855, qui a été de 300 balles.

Augmentation du prix de vente à la Réunion, à raison de 5 fr. par balle de 50 kilogrammes, sur 300 balles. . . . . . 1,500 fr.

Économie réalisée sur la main-d'œuvre : 1380 journées à 1 franc 1,380

Bénéfice total sur 300 balles. . . . . 2,880 fr.

soit 9 fr. 60 c. par balle. Or, comme la balle de 50 kilogrammes se vend en moyenne 83 francs, c'est une plus-value de près de 13 p. % (1).

La méthode de M. Frappier offre encore d'autres avantages. Elle permet d'expédier la fève en France sans l'avoir dépouillée de cette pellicule légère qui se trouve sous la coque et qu'on appelle le parchemin. Le café garni de cette enveloppe protectrice arrive à sa destination dans toute sa fraîcheur, au lieu que celui qu'on traite par l'ancienne méthode, dépouillé de son parchemin par suite du pilage qu'il a subi, perd dans la traversée sa couleur et une partie de son arome. Il y a plus : le café de M. Frappier peut être moulu et brûlé avec son enveloppe sans que la liqueur dénote la présence du parchemin dans l'infusion.

Le café que contiennent les barils n⁰ˢ 96 et 97 est décortiqué d'après la méthode de M. Frappier, mais il n'a pas été soumis au pilage. Les barils n⁰ˢ 98 et 99 renferment du café à la fois décortiqué et pilé.

Voici un dernier avantage de ce mode de préparation : les cosses de café en sortant de la machine à décortiquer peuvent servir à la formation d'un excellent engrais, tandis que les cosses séchées par l'ancienne méthode n'ont aucune vertu propre à cet usage (2).

Ouate. — L'ouatier, dont la croissance est rapide et la multiplication très-facile par graines et par boutures, est cultivé à la Réunion pour les besoins domestiques. Il sert à garnir les vêtements et à faire des oreillers. Le prix de la ouate au détail est dans la colonie de 1 fr. 50 à 2 fr. le 1/2 kilogramme.

Bourre de jonc. — C'est un produit de quelques terrains maré-

<hr>

(1) Vu le haut prix de cession des contrats d'engagement, cette évaluation est évidemment inférieure au chiffre actuel, et, par conséquent, la somme des bénéfices résultant de l'emploi du nouveau procédé dépasserait encore celle que fixe l'inventeur.

(2) Le plan de la machine à décortiquer le café, inventée par M. Alphonse Frappier, de Saint-Pierre (île de la Réunion), se trouve à l'Exposition permanente des colonies, rue de Rivoli, accompagné d'une note explicative.

cageux de la partie sous le vent de l'île, où il est employé à la confection des matelats et des oreillers.

Roucou (*Bixa orellana*).

Le rocouyer est originaire de l'Amérique mér...ionale. On le cultive aux Antilles, au Brésil, à Cayenne, etc. L. culture en est très-facile ; il croît rapidement et forme par ses fleurs et ses fruits des massifs admirables. A la Réunion, il s'accommode de presque tous les terrains, mais préfère la région inférieure. Le roucou n'est point ici un objet de commerce, quoique le pays soit susceptible d'en fournir des quantités considérables. A ma sollicitation, un de nos agriculteurs les plus distingués, M. Jules Gérard, a essayé de précipiter la partie colorante du roucou.

Un professeur au lycée de Saint-Denis, M. Neveu, s'est servi avec succès des procédés suivants pour la préparation de la bixine, ou principe colorant du roucou :

1° La graine est lavée dans des cuves remplies d'eau, pour en détacher la matière colorante qui adhère à la surface ;

2° On passe à plusieurs reprises l'eau colorée dans un tamis très-fin, pour en séparer entièrement tout ce qui est étranger à la matière colorante ;

3° Dans cette eau qui tient la couleur en suspension on verse un peu de terre glaise délayée à froid ; on agite une première fois ce mélange; immédiatement après, on y ajoute quelques gouttes d'acide sulfurique, puis on agite de nouveau, et la couleur se précipite peu à peu au fond de la cuve ;

4° On décante au moyen d'un robinet placé à la hauteur du précipité ;

5° On presse la matière colorante, afin de la débarrasser de l'eau qu'elle contient encore après la décantation ;

6° On divise en tablettes la substance obtenue, on la sèche à l'air et à l'ombre, puis on l'emballe.

Les procédés connus en Europe pour la préparation du roucou n'ont jamais donné à la couleur qu'on en tire le degré de perfection qu'elle pourrait atteindre. Selon le témoignage d'un savant naturaliste, M. de Castelnau, consul de France au cap de Bonne-Espérance, les indigènes de l'Amérique du Sud possèdent un secret pour précipiter la partie colorante du roucou. La bixine qu'ils obtiennent a un tel éclat, que des juges compétents ont affirmé à M. de Castelnau, sur la vue d'un échantillon présenté par lui-même, que des produits de cette qualité se placeraient en France à 300 francs le kilogramme. Malgré tous les efforts qu'il a tentés pendant son séjour en Amérique pour surprendre le secret de cette préparation, M. de Castelnau n'y a pas réussi.

INDIGO (*Indigofera tinctoria*).

L'indigo fleurit deux fois par an à la Réunion. Ses feuilles ne subissent aucune altération jusqu'au moment de leur chute, et il offre des conditions de longévité qui manquent aux différentes espèces de la même famille cultivées dans d'autres pays. La variété que nous possédons est peut-être le *Whiglia tinctoria* de la côte de Coromandel. Cette plante se multiplie d'elle-même; elle est d'une nature résistante et souffre peu du vent. On peut en récolter les feuilles plusieurs fois dans l'année,

Dans la colonie, l'indigotier ne se cultive nulle part régulièrement, et personne ne s'occupe de la préparation de l'indigo. Au point de vue médical, cette plante mériterait peut-être une sérieuse étude. On cite, en effet, des guérisons d'épilepsie obtenues par l'indigo administré à des doses minimes. Si l'indigo de la Réunion était d'assez bonne qualité pour qu'on le recherchât dans le commerce, nos propriétaires ruraux se livreraient bien certainement à cette culture facile et lucrative. Aussi ai-je cru devoir prier M. Jules Gérard de faire quelques essais de préparation. Ces essais consistent en vingt tablettes d'indigo qui sont le produit de 25 kilogrammes de feuilles.

L'espèce qui a servi à cette expérience a été importée de l'Inde par M. Peyre de Valergue. C'est le véritable *indigofera tinctoria* du Bengale.

Les diverses qualités d'indigo que présentent les vingt tablettes expédiées proviennent de la même cuve; le premier jet donne la couleur bleue; le deuxième, le violet; le troisième, le cuivré; le quatrième, le rouge. Il y a enfin un dernier produit inférieur qui n'est représenté que par un seul morceau.

On a autrefois tenté à la Réunion, et aussi dans les autres colonies françaises, je le crois, de préparer cette matière colorante sans avoir jamais obtenu de résultat passable. Si je suis bien renseigné, on a dû également renoncer à cette fabrication en Algérie, l'indigotier de cette région étant inférieur à celui des colonies anglaises et espagnoles.

Je prends la liberté de recommander à l'attention de S. Exc. le ministre la tentative si consciencieusement faite par M. Jules Gérard. Ce dernier s'empressera de faire connaître le procédé qu'il a mis en usage, si l'indigo qu'il a préparé est de qualité satisfaisante. Comme moyen de comparaison, j'ai joint aux tablettes fournies par cet honorable agriculteur un échantillon d'indigo de Madras, bien inférieur assurément à celui qui émane de la Réunion.

De plus, M. Gérard est convaincu qu'avec la méthode chimique qu'il emploie pour cette préparation, il serait possible d'obtenir en France même des similaires de l'indigo qui l'égaleraient par l'éclat et la solidité de la couleur. Non-seulement l'*isatis tinctoria* qui donne le pastel, mais un grand nombre d'autres plantes dont les feuilles sont chargées du principe colorant bleu pourraient servir à cet usage. Telle a été, d'ailleurs, l'opinion des chimistes français, puisque, pendant la guerre avec l'Angleterre; ils ont provoqué le décret impérial du 4 juillet 1810 accordant un prix à l'inventeur d'un procédé pour extraire du pastel une matière colorante semblable à l'indigo.

MUSCADE et MACIS (*Myristica aromatica ou moschata*).

Le muscadier, originaire des Moluques, a été introduit à la Réunion par les soins de M. Poivre. Accueilli avec enthousiasme à cause de la richesse de ses produits et la beauté de sa végétation, il n'a cependant jamais donné lieu à une culture étendue. Le muscadier aime les terres riches, humides et abritées ; il ne figure guère que dans les vergers, et contribue surtout à leur décoration. Le fruit est une drupe de la forme d'un abricot, renfermant une graine ovoïde et de forte dimension ; cette graine est dure et revêtue d'une fausse arille qui est elle-même découpée en lanières étroites et inégales de couleur de chair; c'est ce qu'on désigne du nom de Macis.

Sous l'aville, une coque, d'un brun luisant, recouvre l'amande ou la muscade proprement dite, laquelle est dure, brune, marbrée intérieurement, et contient à sa base un très-petit embryon dressé.

Le muscadier se multiplie de graines et mieux encore par les greffes d'approche sur des arbres déjà productifs. Par ce dernier moyen, il rapporte plus vite, et l'on n'est point exposé à l'inconvénient d'élever plus de plants mâles que de plants femelles.

La muscade et le macis sont des stimulants énergiques; ils trouvent leur emploi dans un grand nombre de préparations pharmaceutiques. L'huile qu'ils fournissent a les propriétés ordinaires des huiles grasses et volatiles.

Autrefois la muscade se vendait 1 fr. 25 c. le demi-kilogramme, et la même quantité de macis valait jusqu'à 20 fr.

En 1856, l'île de la Réunion a exporté 398 kilogr. de macis et 1,636 kilogr. de muscade.

CANNELLE (*Laurus capularis ou cinnamomum*).

Le cannelier est un joli arbre qui, placé dans des conditions favorables, atteint cinq mètres de hauteur. Il nous vient de Ceylan et a été introduit à la Réunion par M. Poivre. M. Hubert Delisle, l'aïeul du gouverneur actuel de notre colonie, est le premier qui se soit livré parmi nous à la culture de cette épice.

Bien que la cannelle de la Réunion soit de qualité supérieure, aucune tentative sérieuse n'a été faite jusqu'ici pour lui donner l'importance d'une denrée d'exportation.

On rencontre seulement quelques arbres de cette famille dans les vergers, dans les emplacements de ville et chez de rares planteurs qui n'ont pu se décider à les détruire.

PIMENT.

Je ne saurais me dispenser de citer, au moins pour mémoire,

ce condiment dont l'usage trop souvent excessif est si universellement répandu dans la colonie. Il faut le reconnaître d'ailleurs, ses propriétés stomachiques et fortifiantes, très-précieuses lorsqu'on n'en abuse pas, et le grand rôle qu'il joue dans l'alimentation du pauvre, dont il relève la fadeur par un excitant nécessaire, lui donnent, au point de vue des besoins de la localité, une valeur incontestable.

ALOÈS-AGAVE.

La Réunion est assez riche en agaves. L'espèce la plus répandue est celle d'Amérique, qui est garnie depuis la racine de feuilles très-grandes, charnues, de couleur glauque, creusées en gouttière, dentelées d'épines et terminées par une pointe semblable à une longue et forte aiguille. La hampe est haute de quinze à vingt pieds, de la grosseur d'un rondin de chêne, revêtue de larges écailles et formant à son sommet de nombreux rameaux à l'extrémité desquels les fleurs sont réunies en masse plus ou moins compacte.

Les agaves croissent ici en tout lieu, mais particulièrement le long des ravines dont quelques-unes sont garnies d'un fourré de ces plantes impénétrable et difficile à détruire. La montagne de Saint-Denis et les terrains immenses qui s'étendent entre le chef-lieu et la Possession offrent, dans quelques-unes de leurs parties, d'énormes massifs d'aloès dont la puissante végétation atteste l'aptitude du sol à ce genre de produit.

Je n'hésite point à exprimer l'opinion que la colonie pourrait trouver, dans une large culture de l'agave, un nouvel et sérieux élément de richesse.

Les produits variés que nous avons obtenus avec des moyens assurément fort incomplets, prouvent que cette culture serait susceptible de fournir d'utiles ressources à de nombreuses industries.

En effet, depuis les cordages les plus grossiers et les simples traits de charrette jusqu'aux étoffes pour les meubles et même jusqu'aux ouvrages de broderie, le fil d'aloès se plie avec une facilité merveilleuse à tous les genres de fabrication.

Je ne pense pas néanmoins qu'il soit avantageux à la colonie de chercher à produire des étoffes. L'élévation du prix de la main-

d'œuvre et notre infériorité si grande au point de vue des moyens
mécaniques qui chaque jour se perfectionnent en France, comme
aussi l'impossibilité où nous sommes de suivre les exigences de
la mode, sont autant de motifs pour que notre ambition se borne
à livrer au commerce des fils bruts. Cette production, largement
développée, ouvrirait encore à l'industrie locale une assez vaste
carrière. La culture de l'aloès et la préparation si simple du fil
brut serait, à mon avis, l'occupation naturelle de ces habitants
nécessiteux désignés ici du nom de petits créoles. En effet, quel
a toujours été parmi nous le principal obstacle au développement
de l'industrie sérigène ? Ce sont les soins continuels qu'exige
l'éducation des vers, l'attention vigilante qu'il faut y porter nuit
et jour, en un mot la nature assujettissante et minutieuse de ce
travail. Or, rien de tout cela n'est nécessaire pour produire des
fils d'agave. La plante elle-même croît partout, et elle pourrait
rendre beaucoup avec infiniment peu de culture. Le procédé dont
nous faisons usage pour extraire le fil est analogue à celui qu'on
emploie pour le chanvre. Mais le travail de l'aloès étant plus difficile, d'autres moyens ne tarderaient pas sans doute à remplacer
cette méthode d'une simplicité primitive, et la chimie finirait,
très-probablement aussi, par utiliser le suc de la feuille qui contient de la potasse. Quant au résidu, plusieurs expériences ont
démontré qu'il serait possible d'en tirer un parti avantageux
comme engrais.

Indépendamment de l'aloès, nous avons encore de nombreuses
plantes textiles auxquelles sont applicables, dans une mesure
plus ou moins complète, les observations qui précèdent. Il est
facile de s'en convaincre par un examen des divers échantillons qui accompagnent les produits de l'aloès. Le fil d'ananas,
par exemple, serait, je n'en doute pas, fort recherché à cause de
son extrême finesse.

Le respectable directeur de notre jardin public, M. Richard,
dont la sollicitude et l'initiative prévoyante vont toujours au
devant de ce qui peut être utile au pays, a deviné l'avenir
réservé à la préparation des matières textiles, et s'est appliqué à
doter la Réunion de nouvelles plantes propres à cet usage.

Aussi recommanderai-je spécialement à l'attention bienveil-
lante de Son Excellence le Ministre une caisse qui renferme
des échantillons de divers végétaux importés par les soins de
M. Richard.

J'ai la ferme conviction qu'un prix suffisamment remunérateur
et quelques encouragements de l'administration développeraient

rapidement ici la fabrication du fil d'agave, qui deviendrait alors un précieux supplément ajouté à nos moyens d'échange. Jusqu'à présent, malgré toutes les facilités offertes par la nature à une entreprise de ce genre, personne ne s'en est sérieusement occupé. La tige de l'aloès, avec une préparation convenable, est éminemment propre à remplacer les cuirs à rasoir.

Les étoffes en fil d'agave que renferme une caisse envoyée à l'exposition ont été teintes avec des couleurs extraites de végétaux indigènes. La hampe de l'aloès contient aussi un suc mordant qu'on peut utiliser pour la teinture et pour la tannerie. Enfin la culture de l'agave ferait probablement naître à la Réunion une industrie secondaire qui existe depuis longtemps chez les Mexicains. Quand la hampe de cet arbre a sept ou huit ans, ils en tirent, au moyen d'incisions, une liqueur qu'ils appellent *pulque*, et qui est regardée comme nourrissante et stomachique.

COTON.

La culture du coton dans notre île remonte aux premières années de la colonisation ; mais il paraît que nos pères étaient trop absorbés par le soin de planter des vivres pour se livrer sérieusement à un nouveau genre de culture, et ce n'est que vers la fin du siècle dernier que le coton a été produit en assez grande quantité pour devenir un article d'exportation.

Les documents officiels nous apprennent qu'en 1815 la Réunion a exporté 10,585 kilog. de coton et que l'année suivante le chiffre s'est élevé jusqu'à environ 50,000 kilog.

Depuis lors, au lieu de suivre une gradation ascendante, le coton est tombé peu à peu dans un complet abandon. Les envahissements de la canne à sucre, plus encore que la concurrence des États-Unis, ont été cause de ce regrettable sacrifice d'une de nos principales ressources.

Le coton de Bourbon jouissait d'une grande faveur; les envois faits par la colonie étaient venus révéler au monde industriel que nos produits avaient beaucoup d'analogie avec les meilleures espèces d'Amérique, avec celles de Géorgie, à longue soie, ou celles de Sea Island. En effet, dans quelques-unes de ses parties, la Réunion semble éminemment favorable à la production de cette précieuse matière textile, comme l'attestent les échantillons que nous avons envoyés à l'Exposition permanente.

En 1851, M. le général Morin fit parvenir ici quelques graines du fameux coton de Géorgie, dont j'ai parlé plus haut. Les produits obtenus paraissent n'avoir pas dégénéré. On pourra s'en convaincre par l'échantillon que j'ai exposé moi-même. Cet échantillon provient de la région du Vent ; mais l'autre moitié de l'île offre des conditions bien plus favorables à cette culture. Plusieurs naturalistes attribuent les qualités exceptionnelles du coton de Géorgie à la sécheresse et à l'aridité même des terrains où on le plante, ainsi qu'à l'influence des émanations salines. Sous ce rapport, nous avons, dans l'arrondissement sous le Vent, de l'île, de vastes étendues de terre qui ne laissent rien à desirer. Presque entièrement incultes aujourd'hui, ces terres présentent une superficie qu'on peut évaluer à 13,000 hectares.

De nombreuses expériences faites avec une scrupuleuse exactitude permettent d'affirmer que l'hectare produit à la Réunion 200 kilog. de coton. Nous aurions donc, pour la région sous le Vent, une production annuelle de 2,600,000 kilogrammes. Ce chiffre doublerait facilement, c'est-à-dire que la Réunion arriverait sans peine à une exportation totale de 5,000,000 de kilog., si les agriculteurs de la région du Vent consacraient à cette production lucrative une partie de leurs belles terres du littoral. On ne trouvera point ce calcul exagéré en réfléchissant que les Etats-Unis, qui exportent actuellement plus de 600 millions de kilogrammes de coton, n'en exportaient que huit balles, c'est-à-dire 1,440 kilog., en 1781.

Mais, pour rendre aussi fructueux que possible le retour de cette culture, il importera de ne produire que l'espèce la plus estimée, à laquelle les derniers cours du Havre assignent le prix énorme de 7 à 8 fr. par kilogramme.

Les Américains eux-mêmes, malgré tous leurs efforts, n'ont pu élever leur coton de Géorgie et de Sea Island au-delà de 4,500,000 kilogrammes. Cela tient à ce que ces précieuses espèces veulent des conditions de terrain particulières qu'elles ne rencontrent pas partout aux États-Unis. Nos terres du littoral, notamment dans la partie sous le Vent, réunissent tout ce qui peut être favorable à la culture du coton de Géorgie : émanations salines, absence de brumes et de pluies qui ternissent la blancheur du produit et l'exposent à se détériorer après la recolte, point de brises violentes qui emportent le coton, même point de poussière qui le couvre ni de boue qui le tache. On le voit, donc, la Réunion, en exportant 5,000,000 de kilog. de coton de première qualité, pourrait réaliser annuellement la somme de 45 à 50 millions de francs.

Réduisons même ce chiffre de moitié, et il restera encore de quoi recommander bien puissamment à l'attention des hommes sérieux un pareil élément de richesse coloniale.

Mais par quels moyens arrivera-t-on à convertir en réalité de si magnifiques espérances? Dût le gouvernement impérial étendre à la Réunion tout ce qu'il a fait pour l'Algérie, ces mesures protectrices seraient impuissantes à ressusciter et à faire fleurir ici la culture du coton, comme celle de tant d'autres plantes qui enrichissaient autrefois la colonie, tant que l'on ne remédiera point au fléau qui paralyse maintenant toutes les exploitations rurales : *je parle du manque de bras.*

Qui oserait, en effet, conseiller de nouvelles tentatives agricoles dans un pays où un engagement de travail de cinq ans se paye de 8 à 900 francs pour un Cafre et 1,000 francs pour un Indien ou un Malgache? Ce qu'il nous faut avant tout, pour le développement de notre agriculture et de notre industrie, c'est un nombre suffisant de bras à des prix de cession raisonnables ; c'est contre l'insuffisance de l'immigration et l'intolérable cherté des engagements que viendront échouer tous les efforts.

Vaquois ou *vacoa* (pandanus utilis). — Le vacoa, une de nos plantes les plus utiles, a été importé de la côte d'Afrique à la Réunion. On trouve néanmoins, dans les hautes régions de l'île, le *pandanus elegans*, qui est sans doute indigène.

Le vacoa se multiplie par les fruits qui tombent autour de sa tige. On en fait aussi des semis. Ce n'est qu'au bout de trois ou quatre ans qu'on peut commencer à se servir des feuilles. On les fend dans leur longueur, après en avoir détaché les bords et les nervures qui sont garnis d'épines ; puis on les attache par leurs extrémités en petites gerbes, et on les fait sécher au soleil ; elles blanchissent alors, et on les entasse dans un endroit où elles n'aient pas à craindre l'humidité. Ces feuilles ou lanières sont tressées, après avoir été ramollies dans l'eau, et elles servent à faire des sacs qui sont exclusivement affectés à l'emballage des sucres, du café et d'autres denrées exportées de la colonie. On en fait aussi des nattes et divers ouvrages d'utilité domestique. La fabrication des sacs de vacoa, dont le pays consomme, tant pour ses exportations que pour ses besoins intérieurs, plus de deux millions par an, est concentrée dans les mains de la population nécessiteuse de quelques quartiers éloignés du chef-lieu. C'est le

pain quotidien et la monnaie courante du pauvre. Un sac se paye
en général de 50 à 60 centimes. Les femmes et les enfants sont
surtout employés à cette précieuse industrie, qui leur donne des
moyens suffisants d'existence ; car une fois le vacoa préparé, des
mains exercées peuvent confectionner cinq sacs par jour. Outre
l'énorme consommation qu'elle fait elle-même de ces emballages,
la Réunion en exporte aussi pour l'île Maurice.

La culture du vacoa est susceptible d'un large développement,
et ce qui lui donnerait sans aucun doute une impulsion puissante,
ce serait l'invention d'un métier pour le tissage des sacs, opération fatigante et malsaine, que les femmes ne peuvent accomplir
qu'en s'accroupissant sur le sol souvent humide d'une maison-
nette couverte en paille.

Les fibres des racines extérieures du vacoa s'emploient assez
communément pour la fabrication des cordes ; les feuilles séchées
sur pied ou tombées servent aussi à couvrir les demeures des prolétaires, les cases des travailleurs et les dépendances des habitations rurales. Le fruit, après cuisson, est une bonne nourriture
pour les porcs. Le vacoa ne nuit à aucune culture. Il se plante
généralement à quelques pieds d'intervalle, soit le long des chemins, soit comme borne des propriétés, soit enfin comme abri, et
il croît partout, notamment sur le littoral.

Éponge marine. — Cette substance se recueille abondamment
sur la côte de Saint-Leu. Elle sert à nettoyer, à fourbir les métaux travaillés et à polir les bois. Les empiriques l'emploient, en
outre, comme un sinapisme aussi prompt qu'énergique.

Graines de cadoc. — Elles servent à la fabrication des jouets
d'enfant, des breloques et des chapelets.

L'amande renfermée dans ces graines est très-amère et passe
pour un excellent anthelmintique.

Racines de manioc (Iatropha manihot). — Le manioc est originaire de l'Amérique, où on le cultive depuis le détroit de Magel-
lan jusqu'aux Florides. Cet arbuste se distingue par la grosseur
de ses racines, qui sont charnues, tubéreuses, blanches intérieure-

ment et revêtues d'une écorce brune. Il vient parfaitement ici et ses racines étaient autrefois une grande ressource, non-seulement pour la nourriture des animaux de toute espèce, mais encore pour l'alimentation des travailleurs. Les Indiens préférant le riz, le manioc ne se donne plus qu'aux animaux. Il sert principalement à nourrir les mules combiné avec le maïs dont il tempère les propriétés échauffantes.

En râpant les racines fraîches et en soumettant à une forte pression la pâte qui en est faite, on obtient un résidu qu'on fait sécher sur des feuilles de tôle passées au feu. La substance torréfiée que l'on obtient ainsi se nomme cassave ; elle est fort en usage au Brésil, où elle figure sur la table du riche comme sur celle du pauvre. Les habitants de la Réunion à qui leur état de fortune ne permet aucun luxe de cuisine, font une grande consommation de la racine de manioc, soit rôtie sous la cendre, soit cuite au four, soit bouillie à l'eau avec du sel, soit enfin accommodée en kari. Sous toutes ces formes, c'est un aliment sain et des plus substantiels. Râpée, la racine donne de l'amidon très-pur et une fécule blanche et douce sur laquelle j'aurai occasion de revenir.

La culture du manioc joue un très-grand rôle comme assolement des terres consacrées aux plantations de cannes à sucre, et ce rôle ne se borne point aux effets ordinaires d'un changement de production. Le manioc fait plus : ses racines, en divisant le sol, tiennent lieu de labour ; ses tiges, qui se partagent en rameaux garnis de feuilles, ombragent le terrain et permettent même de planter, dans leurs intervalles, des ambrévades qui fournissent des détritus abondants.

La racine de manioc est utilisée comme élément de distillation : elle donne une eau-de-vie dont je m'occuperai bientôt.

Les racines se vendent de 2 fr. à 2 fr. 50 c. les 50 kilogrammes ; le manioc en produit des quantités prodigieuses. L'hectare fournit jusqu'à 33,000 kilogrammes de racines, et celles du manioc rouge peuvent séjourner dans la terre pendant deux hivernages, sans se corrompre et sans cesser de grossir.

Cambarres (Dioscorea alata). — C'est une plante sarmenteuse et grimpante, à racines tubériformes et charnues. Ses tiges, longues, grêles, volubiles et rameuses, se tordent en grimpant sur les arbres voisins. La cambarre ne vit qu'un an, et dès que ses tiges sèchent il faut récolter les racines.

Peu de végétaux possèdent à un degré aussi éminent les qualités nutritives des cambarres. Elles sont d'un goût exquis, d'une chair douce et farineuse ; elles figurent sur les tables opulentes, comme elles font les délices du malheureux.

Nous en avons plusieurs variétés : la cambarre violette, la blanche, la jaune, l'igname et la cambarre fine (*Dioscorea sativa*).

Calebasses. — La calebasse est cultivée ici comme légume; mais là ne se borne pas son emploi, comme le démontrent les vases que nous avons envoyés.

PRODUCTIONS ANIMALES.

Laines. — Je disais au commencement de cette notice, à l'article *animaux* : « Les moutons n'échappent pas dans le pays à la
» dégénérescence qui atteint toutes les bêtes créoles; leur taille
» diminue et leur laine perd ses qualités primitives.
» Les sujets à la laine fine, comme les mérinos et les moutons
» de la Charmoise, ne conservent pas longtemps la beauté de leur
» laine dans les régions basses et chaudes de notre île. Le seul
» moyen de les soustraire à un déclin trop rapide, c'est de les
» tenir dans les régions élevées. »

Cependant, je dois ajouter qu'un de nos grands propriétaires ruraux les plus intelligents, M. Edouard Lory, possède sur une habitation du littoral un nombreux troupeau de moutons de la Charmoise, dont la laine semble avoir mieux conservé que d'habitude ses qualités originelles. Il serait intéressant pour la colonie de savoir à quel prix ces laines se vendraient sur le marché métropolitain. Le spécimen de cette espèce, qui figure à l'exposition coloniale, semble jouir du même privilége en vertu de ce fait énoncé plus haut, que la dégénérescence de la race ovine est moins prompte et moins sensible dans les régions élevées de l'île que sur le littoral.

M. Alphonse Frappier nous a adressé un échantillon de laine mérinos provenant d'un troupeau nourri dans les hauteurs de la commune de Saint-Pierre, endroit qui paraît favorable à l'élève des moutons.

M. Frappier pense que des quantités considérables de laine pourraient être fournies au commerce ; il nous importe donc d'être fixés sur la valeur marchande que ces produits auraient en France. Dans la colonie le prix habituel est de 2 francs par démi-kilogramme.

Guano. — La Réunion ne possède pas, à proprement dire, ce précieux engrais. Seulement on a trouvé à Salazie, dans une cavité de la montagne, un dépôt peu important de guano, résultat du séjour de quelques espèces d'oiseaux de mer, tels que les taille-vents, les fouquets et les huppes qui abondaient jadis dans cette localité et qui ont maintenant presque disparu. Aussi est-ce plutôt comme une particularité curieuse que comme une découverte utile que j'ai cru devoir signaler ce fait.

Miel et cire. — Riche autrefois en abeilles, la colonie produisait du miel et de la cire de qualité supérieure. Mais cette production a subi, comme toutes les autres, l'influence mortelle des envahissements de la canne à sucre.

Ainsi les nombreux et vastes défrichements qui ont été faits pour agrandir le domaine de l'industrie sucrière ont privé les abeilles du *tan*, arbre aux fleurs duquel le miel de la Réunion devait son arome exquis et son goût délicat.

Les usines à sucre, en offrant aux abeilles une nourriture abondante et facile, sont devenues pour elles un piége meurtrier, et la plupart y ont été englouties comme dans un abîme.

Celles qui ont survécu, se nourrissant de sucre et de sirop plutôt que de fleurs, attendu que les fleurs sont rares depuis que les plantations de cannes ont tout envahi, ne donnent plus sur tout le littoral que des produits de qualité inférieure ; et c'est seulement dans les hautes régions de l'île que l'on trouve encore quelques rayons de miel comparables à ceux d'autrefois.

Dans la commune de Saint-Pierre, les abeilles sont restées assez nombreuses. Un petit propriétaire de cette localité, M. Gonthier dit Gaigaine, possède à lui seul une centaine de ruches.

Jadis le miel blanc se vendait 75 centimes la bouteille, et le miel vert 1 fr. 20 c. ; aujourd'hui ces prix s'élèvent à 2 fr. et 2 fr. 50 c.

La cire se vendait 75 c. le demi-kilogramme; aujourd'hui elle vaut 2 fr. 50 c.

Si ces produits pouvaient, au taux actuel, se placer en France, il est hors de doute que bien des petits propriétaires se livreraient ici à l'éducation des abeilles.

PRODUCTIONS MINÉRALES.

Chaux, sable, craie. — Je ne me prononcerai pas ici au sujet des sables et galets aurifères dont le monde industriel est préoccupé depuis quelque temps. Impuissant à vérifier les résultats annoncés, je ne suis pas, si les expériences annoncées se réalisent, sans une vive appréhension sur les conséquences d'une pareille découverte. Attirant à elle tous les bras par l'appât souvent trompeur d'un gain facile, cette nouvelle industrie peut avoir les suites les plus fâcheuses pour notre agriculture, et, dans un avenir peu éloigné, la colonie serait exposée à perdre en bien-être plus qu'elle aurait gagné en richesse métallique. C'est là, d'ailleurs, une opinion qui m'est personnelle.

La fabrication de la chaux a pris, depuis quelques années, notamment dans la partie sous le vent de l'île, un immense développement. On n'y consomme point ou presque pas de chaux de France. Le rivage y est couvert, à peu près partout, d'une quantité prodigieuse de coraux, et l'on en trouve encore davantage dans les récifs, la pêche en est plus facile. Aussi voit-on dans toute cette moitié de l'île de nombreuses chaufourneries, dont les produits, s'améliorant de jour en jour, servent non-seulement aux constructions, mais aussi à la fabrication du sucre. Un seul établissement, celui de M. Armanet fils, a livré à la consommation, dans le cours de 1856, plus de 700,000 kilogrammes de chaux, qui se vend sur les lieux de production 6 fr. les 100 kilogr.

On a adopté depuis quelques années les fours à feu continu, et la supériorité des résultats offerts par ce nouveau système de fabrication est incontestable; le corail se cuit beaucoup plus vite; la marchandise est prête au bout de vingt-quatre heures, et l'on obtient facilement de la chaux vive, soit pulvérisée, soit en pâte.

La région du vent, privée des coraux qui garnissent le littoral de Saint-Leu et de Saint-Pierre, ne fabrique pas de chaux. Aussi y consomme-t-on à peu près toute celle que les navires apportent de France et qui se vend de 22 fr. 50 à 25 fr. la barrique.

Blocs de coraux dans la ville de Saint-Pierre. — M. Maillard, ingénieur colonial à Saint-Pierre, m'a adressé sur cette récente découverte la note qu'on va lire.

« J'ai déjà eu occasion de voir au Port-Louis, à Maurice, des
» bancs de coraux formant le sol d'une partie des bas de la ville,
» mais ces bancs horizontaux et réguliers paraissent simplement
» sortis de la mer par suite d'un soulèvement de la côte.

» A Saint-Pierre, le corail se présente sous un tout autre as-
» pect. Dans la ville, aux environs de la rue Suffren et de la route
» de Ceinture, sur un sol d'alluvions et simplement superposé,
» on voit une certaine quantité de blocs de corail distants les uns
» des autres de 10 à 100 mètres. Leur cube, qui varie de 2 à
» 20 mètres, exclut toute chance de transport à bras d'hommes, et,
» bien que le corail de ces blocs paraisse aussi frais que s'il n'a-
» vait été extrait de la mer que depuis quelques années, on con-
» naît là ces blocs de temps immémorial ; l'un d'eux, celui qui
» a en longueur presque toute la largeur de la rue Suffren, est
» fendu par le milieu sans désunion des parties. Enfin, le lit de
» croissance du corail de chacun des blocs est incliné dans un sens
» différent, comme si ces masses avaient été lancées en l'air et
» étaient tombées sur le terrain chacune dans une position diffé-
» rente.

» On ne peut expliquer la présence de ces blocs ainsi dissémi-
» nés, à une distance de 500 à 800 mètres du bord de la mer et
» à une hauteur au-dessus de son niveau qui varie entre 20 et
» 30 mètres, que par une puissante explosion sous-marine que la
» nature volcanique de notre île rend très-probable. »

Eaux minérales, thermales et pétrifiantes. — Au commencement de cette notice, j'ai dit quelques mots des sources thermales de la Réunion.

Les eaux de Salazie sont de plus en plus fréquentées, et les cures qu'elles opèrent sur les malades atteints d'affections de la vessie, d'épuisement ou d'affections gastriques, en font une ressource précieuse et un immense bienfait pour le pays.

Situées dans le cirque intérieur de l'île, dont les sites peuvent rivaliser avec ceux des Pyrénées et des Alpes, accessibles aujourd'hui aux voitures dans une partie du trajet et praticables aux chevaux sur tout le reste du parcours, elles ont encore l'avantage de posséder un établissement thermal administré par une société dont les efforts n'on pu, sans doute, satisfaire jusqu'ici à tous les désirs de sa clientèle, mais qui, du moins, a déjà entouré ce séjour d'un bien-être suffisant pour y attirer les malades de l'île voisine. Je suis même convaincu que, du jour où il sera possible d'offrir aux voyageurs des logements plus vastes et plus commodes, l'Inde nous enverra les officiers de la compagnie qui, pour rétablir leur santé, vont chercher en Europe ce qu'ils trouveraient à la Réunion.

La *Revue coloniale* du mois d'août 1856 a publié deux excellents articles sur les eaux minérales de Salazie et sur celles de Mafat, articles qui nous dispensent d'entrer dans de plus longs détails à ce sujet. Les eaux sulfureuses de Mafat, auxquelles on arrive par un simple sentier à peine praticable et souvent dangereux, sont inabordables jusqu'à présent, et, sauf de très-rares exceptions, personne ne les fréquente, car elles manquent encore des premiers éléments nécessaires pour que les malades puissent y venir séjourner.

Les spécimens de pétrification proviennent d'une source qui s'échappe d'un des remparts les plus élevés de Salazie, et dont les eaux, objet de simple curiosité, n'ont donné lieu, jusqu'ici, à aucune analyse.

Soude brute et salpêtre. — La commune de Saint-Paul est amplement pourvue d'une terre qui paraît assez riche en soude brute.

L'échantillon renfermé dans un flacon est le résidu de cinq kilogrammes de terre, et M. Audier, à l'obligeance duquel nous devons cet essai, m'a assuré qu'il avait précédemment obtenu de la soude en beaux cristaux.

Quant au salpêtre que nous présentons, il a été recueilli à la surface du sol et vient de Cilaos, localité où abonde ce genre de produit.

INDUSTRIE SUCRIÈRE ET SES DÉRIVÉS.

Sucre. — La production du sucre à la Réunion suit une marche ascendante très-prononcée. Avant de signaler les causes qui poussent la colonie dans cette voie, je pense qu'il n'est pas sans intérêt de grouper sous les yeux de Son Excellence quelques chiffres statistiques.

Exportation de la colonie en sucre depuis l'émancipation.

```
En 1849, il a été exporté,................  19,560,583 kilog.
    1850,      —      ....................  21,362,753   —
    1851,      —      ....................  23,749,619   —
    1852,      —      ....................  29,494,996   —
    1853,      —      ....................  33,410,942   —
    1854,      —      ....................  39,936,397   —
    1855,      —      ....................  56,905,206   —
    1856,      —      ....................  65,203,111   —
    1857,      —      ....................   »   »   »   —
```

A la fin de l'année 1856, il existait à la Réunion 120 sucreries dont l'importance peut être classée dans l'ordre suivant :

```
23 usines produisant moins de 250,000 kilog. de sucre par an.
32      —        depuis 250,000 kilog. jusqu'à 450,000 kilog.
26      —        500,000 kilog.
27      —        depuis 500,000 kilog, jusqu'à 750,000 kilog.
 7      —        depuis 750,000 kilog. jusqu'à 950,000 kilog.
 5      —        depuis 1,000 000 kilog. jusqu'à 1,500,000 kilog.
 ———
120
```

Trois systèmes de fabrication sont en usage dans le pays.

Le premier consiste à évaporer et à cuire le vesou de la canne dans des chaudières en potin liées entre elles. Ce mode de fabrication s'appelle le système à feu nu.

Le second consiste à évaporer le vesou jusqu'à la densité de 28 à 30 degrés (à l'aréomètre Baumé) dans une batterie qui porte le nom de son inventeur, le regrettable M. Gimard, un des hommes les plus intelligents et les plus désintéressés que la colonie ait jamais comptés au nombre de ses habitants. Un modèle de cette batterie a été envoyé à l'Exposition universelle. Je me bornerai donc à rappeler ici qu'elle se compose de huit chaudières oblongues, cylindriques au fond, et communiquant entre elles par des soupapes placées dans les cloisons. La cuisson est continue. La pente du fond des chaudières se dirige vers le foyer de façon que le liquide entré par la huitième chaudière parcourt successivement toutes les autres jusqu'à ce qu'il arrive à la première, qui est placée immédiatement au-dessus du foyer. Par une combinaison ingénieuse, un large bord garnit extérieurement le faîte des chaudières et établit ainsi un canal d'un bout à l'autre de la batterie. Ce canal a une pente en sens inverse du fond des chaudières, de sorte que les écumes produites par l'ébullition du liquide retournent vers la première chaudière, où elles sont recueillies. Il résulte de cette disposition que le vesou de la huitième chaudière est pur sans presque aucune main-d'œuvre, car un ou deux hommes, munis d'une espèce de règle en bois, suffisent pour chasser les écumes vers l'extrémité de l'appareil.

Au sortir de cette batterie, le vesou passe dans les chaudières à basse température dites « *Wetzelle.* » Ces chaudières, de forme cylindrique, ont deux mètres de longueur sur un mètre de largeur. Elles sont à double fond et garnies en outre de tuyaux droits dans lesquels passe la vapeur d'échappement de la machine. Un rotateur plonge dans le liquide, aidant ainsi à l'évaporation du sirop. C'est dans ces chaudières que s'opère la cuisson.

Le troisième système consiste à évaporer le vesou jusqu'à la densité de 30 degrés (aréomètre Beaumé) et à en achever la cuisson dans les chaudières Howard, dont le principe est le vide. Dans aucun des trois systèmes que je viens d'exposer on n'emploie le noir animal.

Sur les 120 sucreries que possède la Réunion,

    5 marchent d'après le 1er système, c'est-à-dire à feu nu.
  103   —   le 2e système, c'est-à-dire batterie Gimard et
                  basses températures Wetzelle.
   12   —   le 3e système, c'est-à-dire cuisson dans le vide.
  ——
  120
  ═══

17 usines seulement ont l'eau pour moteur; encore 5 de ces dernières, n'ayant point d'eau en quantité suffisante, se servent-elles comme auxiliaire d'un appareil à vapeur. Toutes les autres ont des machines à vapeur dont la force varie de quatre à vingt chevaux.

Jusqu'au moment de l'introduction des turbines dans la colonie, le sirop, après sa cuisson dans les chaudières et son refroidissement dans de grands réservoirs en bois ou en bitume appelés « *tables* », était déposé dans des caissons où il se purgeait. Aujourd'hui ces caissons ont pu être supprimés dans la majeure partie des établissements.

Sur nos 120 sucreries, 72 se servent de turbines ; 20 ne les emploient encore que pour les sucres de sirop ; le nombre total des turbines en activité dans les 72 usines qui ont adopté ces appareils était de 300 au 31 décembre 1856.

Bientôt, j'en suis convaincu, ces précieuses machines auront partout remplacé les caissons de purgerie, qui exigent un vaste local et sont un foyer permanent de fermentation.

La plupart des fabricants turbinent le sucre sans adjonction d'eau ni même de clairce, et les sucres de sirop se trouvent mélangés dans la qualité moyenne de leur fabrication.

La défécation à feu nu ou à la vapeur est également fort en usage ici.

Néanmoins, dans beaucoup d'usines on fait entrer le vesou dans les batteries Gimard, à sa sortie du moulin.

Pour faciliter l'appréciation des résultats de chaque système au point de vue de la qualité des sucres, je vais indiquer le mode suivi par chacun des fabricants qui ont exposé des échantillons de leurs produits.

1er système à feu nu.

MM. De Guigné frères.
Lagourgue.

Succession Deheaulme.

2e système. Batterie Gimard et basses températures Wetzelle.

1re CATÉGORIE SANS TURBINES.

MM. Clain frères.
Félix de Tourris.
Lory et Mazérieux.
P. de Beauplan.
Manès frères.
A. Bellier.
Tourris frères.
Robert.
N. Deheaulme.

MM. Imhaus, Morange et Gardin.
Jugaut et Cie.
Henry Pignolet.
Rosemont Hoareau.
Hoareau Lasource.
Bonnier.
MMes Ve de Villèle.
Ve Gaulthier.
M. Laisné.

2ᵉ CATÉGORIE AVEC TURBINES.

MM. Charles Desbassayns.
J. Duboisé.
Mᵐᵉ Vᵉ Dureau.
MM. Vergoz et de Saint-Georges.
Vergoz et Cⁱᵉ.
Wetley père et fils.
De Greslan.
MM. De Guigné aîné.
Delisle frères.
Barbé et Retout.
Boutin.
Lelièvre.
Pichon de Bury.
D'Etchigary.
Sauger.
Aubert.
Pierre Noël.

MM. Imhaus et de la Chapelle.
J. Pignolet.
Laserve et Cⁱᵉ.
A. Bellier.
Ménardière et Cⁱᵉ.
L. Dehcaulme.
P. De Guigné.
MM. A. Lesport.
Giot.
Y. Ricquebourg.
A. Orré.
Burel.
Hibon et Choppy.
Choppy frères.
Ch. Robin.
Hoareau.

3ᵉ système. Cuisson dans le vide et turbines.

Mᵐᵉ Vᵉ Siere.
MM. Adam et Cⁱᵉ.
Th. Lory.
Pitel et Chasségiau.

MM. L. de Kervéguen.
Th. Deshayes.
G. de Ferrières.

Le mode d'extraction du jus de la canne est partout le même. Ce sont des moulins à trois cylindres, d'une force proportionnée à l'importance de l'usine. Et, malgré bien des assertions contraires, je crois que la perte résultant d'une pression qui n'est pas absolument complète, est loin d'être aussi considérable qu'on l'a prétendu. En général, on retire de la canne 65 p. 100 de jus.

L'unité dont on se sert pour les transactions entre planteurs et fabricants est la barrique de 223 litres 50 centilitres ; lorsque le vesou a une densité de 9 1/2 à 10 degrés (aréomètre Baumé), on obtient ordinairement de la barrique 35 kilogr. de sucre de premier et de deuxième jet.

Certaines localités et certains terrains privilégiés fournissent du vesou à 11, à 12 et même à 13 degrés ; alors le rendement par barrique atteint 40 et jusqu'à 45 kilogr.

Il serait assurément fort téméraire de vouloir prononcer ici, au point de vue des résultats financiers, entre les trois systèmes de fabrication qui se trouvent en présence. Cette question est à l'étude, et jusqu'à présent les assemblées compétentes ne se sont pas cru suffisamment éclairées pour la résoudre. Je me bornerai donc à présenter mon opinion personnelle.

Un mot seulement du premier système, la cuisson à feu nu.

Enfance de l'industrie sucrière, ce mode primitif a fait son temps, il est condamné par l'expérience; l'abandon presque général dans lequel il est tombé le prouve suffisamment (1). Je suis cependant obligé de reconnaître qu'il avait un grand mérite : la promptitude de l'opération et l'absence de transvasement étaient de puissantes garanties contre la fermentation, cette mortelle ennemie de la fabrication du sucre. Mais, pour se servir du feu nu avec succès, il faut des vesous d'une pureté extrême, que fournissent seulement quelques rares localités.

Pour résumer mon sentiment à cet égard, je dirai : L'emploi du feu nu, avec la canne rouge surtout, est impossible dans presque toute la colonie.

Mais les propriétaires qui, par la vertu de certains terroirs exceptionnels, obtiennent encore à l'aide de ce système grossier des produits d'une qualité passable, ne feraient-ils pas mieux d'adopter les moyens de perfectionnement qu'une sage expérience a introduits dans la fabrication locale? Je le pense, car il est évident que des procédés plus conformes aux véritables principes de la science les conduiraient à des résultats bien supérieurs.

J'arrive au deuxième système, le seul qui puisse entrer en lutte avec la cuisson dans le vide. A en juger par le nombre de ceux qui l'emploient, on serait presque fondé à dire que ce mode de fabrication est, sinon le plus achevé au point de vue de l'art, du moins le plus avantageux quant aux résultats financiers. Mais ce serait aller trop loin que de tirer une conclusion aussi absolue d'un pareil argument.

Ce système, qui ne se distingue de la fabrication dans le vide que par la manière d'achever la cuisson, puisque, pour évaporer le vesou à 30 degrés, la batterie Gimard est employée dans les deux

____

(1) J'ai dit plus haut que dans cinq usines seulement sur cent vingt, on a conservé le système de la cuisson à feu nu.

cas, ce système doit son emploi à peu près général aux avantages suivants : il n'exige aucune combinaison mécanique pour son installation ; il occasionne peu de dépenses et il économise le combustible ; car, ainsi que je l'ai constaté plus haut, c'est la vapeur d'échappement des machines qui alimente les chaudières.

Pour ceux qui ne sont pas familiarisés avec les procédés de l'industrie coloniale, il est essentiel de savoir que le résidu de la canne (la paille et la bagasse) forme le seul combustible qui soit à notre disposition. Le combustible ne représente donc pas ici une question d'argent, mais une question de revenu. Faute de bagasse, tel propriétaire ne peut achever la manipulation de ses cannes et perd souvent plusieurs centaines de milliers de sucre. Cela seul explique et justifie le succès des basses températures à air libre dites Wetzelle. Ce système réalise d'ailleurs, dans une certaine mesure, les conditions de cuisson réclamées par la science, qui condamne le feu nu comme rougissant le vesou et qui a cherché, par l'emploi du vide, à produire la concentration au degré de chaleur le moins élevé possible.

Quant à l'économie de l'installation, c'est un avantage évidemment acquis aux basses températures Wetzelle.

Pendant longtemps on a pensé aussi qu'avec la cuisson dans le vide, les fabricants ne parvenaient pas à retirer du vesou de la canne une quantité de sucre égale à celle qu'on obtient par le système Wetzelle.

C'est, à mon avis, une erreur profonde. Cela pouvait être vrai à une époque où on avait l'opinion erronée qu'avec les appareils dans le vide il fallait cuire à grande eau. De là nécessité de recuire souvent les sirops, et par suite altération et diminution de rendement. Aujourd'hui, au contraire, que, grâce au mode dit *d'injection*, le sucre sort pour ainsi dire tout formé de la chaudière, l'objection que je viens d'exposer et de combattre ne supporte plus l'examen.

Quant aux produits obtenus dans le vide, ils ont une telle supériorité sur tous les autres que, pour ma part, je me sens humilié en comparant au mien les sucres magnifiques qui sortent des usines pourvues de ces superbes appareils que fournit une maison si justement célèbre, celle de Cail et Cⁱᵉ.

Sur le marché de la Réunion, les sucres cuits dans le vide et ne s'élevant point, sous le rapport de la nuance, au-dessus de la bonne quatrième, se vendent 5 fr. pour 50 kilogr. de plus que tout ce que produit de mieux le système Wetzelle, même avec l'emploi des turbines, mais sans adjonction d'eau ni de claire.

Je crois donc fermement que le dernier mot n'est pas dit pour la plupart des usines de la Réunion, et qu'une ère de progrès s'ouvre, au contraire, devant elles. Les turbines et le guano forment le commencement de cette chaîne d'améliorations que nos propriétaires ruraux, avec cette judicieuse perspicacité qui les distingue, ne tarderont pas à adopter pour mettre leur culture et leur industrie au niveau des exigences de l'époque.

Il en est, toutefois, un certain nombre à qui l'application des machines à cuire dans le vide restera impossible ; d'autres ne pourront en faire usage qu'après avoir trouvé le moyen d'économiser le combustible ; quelques-uns, enfin, auront besoin de consolider leur position avant de se charger des frais énormes qu'entraîne l'installation de ces appareils.

Dans la première catégorie, nous rangeons ceux qui ont à peine assez d'eau pour alimenter le générateur de leur machine à vapeur.

Personne n'ignore que la concentration dans le vide exige de l'eau en abondance, que l'eau est une condition essentielle de ce système, et que rien ne peut en tenir lieu ni suppléer à son insuffisance. Les propriétaires qui jouissent d'un cours d'eau semblent donc naturellement appelés à profiter de cet avantage pour introduire dans leurs usines le système du vide, car ils ont un moteur naturel non-seulement pour le moulin à broyer les cannes, mais encore pour les pompes à air, et l'économie qu'ils peuvent ainsi réaliser sur le combustible leur permet de ne pas regarder au mode de cuisson. Cela est tellement vrai que, sur douze usines qui sont en ce moment dotées d'appareils à cuire dans le vide, neuf marchent au moyen de moulins à eau.

Quant à ceux qui, privés de cette grande ressource, sont cependant en mesure de faire les dépenses nécessaires à des installations nouvelles et dispendieuses, il ne leur sera pas impossible de se passer de l'économie du chauffage dû aux appareils à air libre (Wetzelle), par une construction mieux entendue de leurs fourneaux et de leurs cheminées, ainsi que par un meilleur aménagement de la bagasse. Je pense donc, en résumé, que l'avenir est pour les machines à cuire dans le vide, et que l'adoption générale de ce système dans le pays est une simple question de temps.

En ce qui concerne le prix de revient du sucre à la Réunion, je crois pouvoir me dispenser de présenter ici les calculs auxquels je me suis livré dans un rapport que j'ai lu à la chambre d'agriculture dans le cours de l'année 1855, et dont je joins un exemplaire à ce travail.

Il résulte de ces calculs que 500 kilogr. de sucre coûtent à la Réunion, pour les frais généraux. . . . . 15 fr. 90 c.

En y comprenant l'amortissement, à raison de 10 p. 0/0 sur la portion du capital essentiellement périssable. 19   90

Et en ajoutant aux frais généraux et aux intérêts pour amortissement, des intérêts à raison de 6 p. 0/0 seulement sur le capital entier. 29   32

Dans un pays où tout est mouvant, on conçoit que le prix de revient doit naturellement subir de fréquentes oscillations. Ainsi, pour ne citer qu'un exemple, je dirai qu'à l'époque de la confection du travail annexé à cette notice, les contrats d'Indiens d'une durée de cinq ans coûtaient 275 francs, et qu'aujourd'hui ils se payent 1,000 francs, c'est-à-dire 725 francs de plus. De ce fait seul, qui augmente de 145 francs par an le prix de revient de chaque travailleur, résulte une aggravation de charges de 36,000 francs pour une propriété occupant deux cents engagés et produisant de 4 à 500,000 kilogrammes de sucre.

Aussi peut-on affirmer que la colonie, après avoir supporté seule et sans se plaindre les frais énormes de l'immigration qui ne lui a pas coûté moins de 20 a 22,000,000 de francs, a dû son salut à cette surexcitation passagère du cours des sucres ; car si, en continuant à vendre sa denrée principale au prix de 1851, il lui avait fallu payer les travailleurs au taux qu'ils ont atteint depuis dix-huit mois, une crise était inévitable.

On a vu plus haut que la Réunion, depuis 1849, a élevé sa production sucrière de 19 millions à 65 millions de kilogr., chiffre d'exportation de l'année 1856 ; et assurément, là ne s'arrêtera point le merveilleux essor de son agriculture et de son industrie. Nul ne saurait dire à quel chiffre il nous sera donné d'atteindre ; mais ce chiffre peut être énorme, si la protection du gouvernement de l'Empereur continue à s'étendre sur la colonie. Parmi les causes de l'extension si prodigieuse de notre principale denrée d'exportation, il faut signaler en première ligne les nombreuses introductions de travailleurs libres.

Après l'émancipation, et quand les anciens esclaves, dont la nature indolente et vagabonde ne s'accommode point d'un travail régulier, eurent complétement abandonné les établissements de sucrerie et les grandes habitations rurales, le pays n'a trouvé son salut que dans l'immigration dont je viens de parler.

En effet, 37,498 Indiens et 10,610 Cafres ou Malgaches, en

tout 48,138 (1) travailleurs ont été introduits à la Réunion de 1849 à 1855, en 7 ans, grâce à l'impulsion donnée par le gouvernement et grâce à l'énergie de la population locale qui a su accomplir ce grand fait avec ses seules ressources.

La juste confiance qu'inspirait dès son origine aux habitants de la Réunion le gouvernement de l'Empereur, et l'intelligente initiative de l'administration locale ont développé l'esprit d'entreprise en ce pays naguère si éprouvé. On n'a pas craint d'engager l'avenir : aussi les introductions de bras diminuant *à mesure que croissaient les besoins* le prix de cession des travailleurs s'est-il élevé successivement au point d'atteindre aujourd'hui le chiffre énorme de 750 francs pour les contrats d'Africains et de 900 à 1,000 francs pour les contrats d'Indiens.

Je ne crains pas de le répéter, ces prix, inabordables pour le petit cultivateur, seraient devenus ruineux même pour les grands propriétaires, si la Providence n'était venue à notre aide par une élévation passagère, mais inespérée, du cours des sucres. Il ne faut pas croire, toutefois, que la colonie ait recueilli tous les fruits de cette hausse inattendue.

La très-grande majorité des producteurs avait vendu ses récoltes à l'avance au prix moyen de 30 fr. les 50 kilogr. C'est donc le commerce, et principalement le commerce métropolitain qui a profité de la situation.

Quoi qu'il en soit, si le cours s'était maintenu au taux où il était lorsque j'ai établi le prix de revient du sucre à la Réunion (mars 1855), le pays courait à sa ruine ; et une catastrophe était d'autant plus inévitable que, pour lutter contre les suites d'une brusque émancipation, pour sauver notre principale industrie et lui donner promptement des développements si extraordinaires ,

---

(1) Entre ce chiffre et ceux que j'ai posés au début de cette notice, on remarquera peut-être une contradiction apparente. Il ne faut pas oublier qu'il y a des rapatriements annuels, qui se sont élevés, pour les deux années 1854 et 1855, seulement à 3,000. Dans le courant de 1856, nous n'avons pu nous procurer que 6,000 travailleurs pour la plupart Cafres ou Malgaches, ce qui élève à 51,100 le chiffre total des introductions depuis 1849, jusqu'à la fin de l'année 1856.

Dans le cours de la présente année, il n'en a été introduit que 3,400, dont 1,549 Indiens seulement. Ce nombre, par suite de l'augmentation de la production qui a doublé, est tout à fait insuffisant.

il a fallu nécessairement recourir à de nombreux capitaux et contracter de lourds engagements.

Arrêter le pays dans cet essor, ralentir ce mouvement prodigieux, ce serait, comme je l'ai dit ailleurs (1), lui faire courir de graves dangers et l'exposer à voir sa prospérité naissante se changer en un désastre dont les effets sont incalculables.

D'autres causes encore, quoique moins puissantes que l'introduction des bras étrangers, explique l'augmentation de nos produits :

1° La substitution de la canne rouge d'Otahiti à la canne blanche ou jaune de Java, atteinte de maladie ;

2° L'amélioration de la culture ; l'adoption d'assolements bien entendus, et les soins donnés aux engrais en général ;

3° L'usage du guano (2) ;

4° La multiplication et l'amélioration des chemins d'extraction.

Je l'ai dit au commencement de cette notice, sur les 251,161 hectares qui représentent la surface entière de l'île, il y en a à peine 97,000 de cultivés, et sur ce nombre 55,000 seulement sont livrés à la canne.

Les ressources fournies par l'immigration ont permis de mettre en culture des terres de la région moyenne jusqu'alors abandonnées. Les communes ont rivalisé d'efforts pour percer des routes, et, grâce à l'initiative de M. le gouverneur Hubert Delisle, la colonie sera bientôt dotée d'une seconde route de ceinture, objet de la plus vive sollicitude du conseil général et gage de l'exploitation prochaine de quelques vastes territoires jusqu'à présent inabordables à la grande culture.

Lorsqu'en 1843 a paru la maladie qui a frappé la canne blanche, le pays entier trembla et se crut perdu. Des établissements de sucrerie, qui auparavant réalisaient une production annuelle

---

(1) Voir le rapport du gouverneur sur la compagnie d'immigration (novembre 1855).

(2) Il est permis de supposer que, dans un très-prochain avenir, la Réunion emploiera annuellement pour maintenir le chiffre de sa production, 6,500 tonneaux de guano, représentant une valeur de 2,600,000 fr. : nouveau et précieux aliment de fret pour les navires qui fréquentent nos parages. Maurice, qui produit plus de 100 millions de kilogrammes de sucre, reçoit, chaque année, 12,000 tonneaux de guano, et c'est à l'emploi généralisé de ce puissant auxiliaire et surtout à ses 110,000 travailleurs étrangers, que l'île voisine doit son retour à une brillante prospérité.

de 500,000 kilogrammes de sucre, n'en faisaient plus que 100 à 150,000.

On eut recours alors à la canne rouge, dédaignée jusque-là comme étant d'une manipulation difficile et comme donnant un sucre d'une nuance trop foncée.

Ici, comme en mainte autre occasion, les événements se sont chargés de démentir les prévisions de la sagesse humaine. L'expérience a prouvé que la maladie de la canne blanche était pour nous un bien plutôt qu'un mal. En effet, les terres inclinées et argileuses de la région moyenne, où la canne blanche végétait misérablement, semblent avoir été créées tout exprès pour la canne rouge, qui y pousse avec une admirable vigueur et y éclipse presque les plantations des plus magnifiques plateaux du littoral.

Le manque de bras, sous le régime de l'esclavage, s'opposait à tout perfectionnement de la culture. Depuis l'introduction des travailleurs étrangers, les champs sont assolés avec intelligence, des améliorations notables ont été introduites dans l'aménagement des terrains, et les engrais sont devenus l'inséparable auxiliaire d'une propriété bien conduite.

Autrefois l'hectare donnait en première coupe une moyenne de 4,200 kilogrammes de sucre, et la moitié, c'est-à-dire 2,100 kilogr. pour les recoupes de deux ans. Aujourd'hui, et ma propre expérience m'autorise à certifier le fait, les terres parfaitement travaillées produisent le double, soit 8,400 kilog. de sucre par hectare, en première coupe.

Le guano a révélé à la colonie ses merveilleuses propriétés. Il a doublé le rendement, surtout dans les terres argileuses de la région moyenne dont il a été question plus haut. Malheureusement nous en recevons peu. Dans le cours de l'année 1856 (1), il n'en est arrivé ici que 1,000 tonneaux et le prix auquel on vend cet engrais, 110 francs le tonneau, est trop élevé pour la plupart de ceux qui auraient besoin d'en faire usage.

La chambre d'agriculture de la Réunion a émis le vœu que, par une dérogation exceptionnelle au contrat qui lie les colonies à leur métropole, l'importation de cette précieuse matière fût autorisée pour tout pavillon. N'oublions pas que c'est en partie à un large emploi du guano que Maurice doit la fabuleuse augmentation de ses produits.

Mais si la Réunion, déjà florissante, peut nourrir l'espoir d'é-

____

(1) En 1855, nous avons reçu 2,100 tonneaux de guano.

7.

galer un jour la fécondité de l'île voisine, il y a malheureusement un revers à la médaille.

A côté de cette magnifique perspective du développement futur de notre première industrie se place, comme une ombre au tableau, l'inquiétant spectacle de l'absorption toujours croissante de la petite et de la moyenne propriété, qui semble menacée de disparaître dans un avenir prochain ; et, quoique cette transformation profite à l'industrie elle-même, elle n'en est pas moins alarmante au point de vue de l'équilibre social et du bien-être public.

Engagé dans de vastes opérations, forcé en quelque sorte d'étendre les limites de son exploitation pour diminuer ses frais généraux, le propriétaire d'une usine s'impose des sacrifices souvent exagérés afin d'agrandir ses domaines.

J'ai voulu me rendre un compte exact de la situation par le relevé des bras que l'industrie sucrière occupe dans la colonie.

J'ai trouvé qu'aux 120 sucreries qui existent à la Réunion sont attachés 25,000 travailleurs, c'est-à-dire plus de la moitié des forces vives du pays, puisque, comme je l'ai constaté plus haut, les anciens esclaves ont entièrement disparu de nos ateliers.

Si l'on réfléchit, en outre, que presque aucun fabricant ne borne ses travaux à la manipulation de ses propres cannes, mais que chaque propriétaire d'une usine brasse toutes les plantations de ses voisins (1), qui n'ont pas assez de terres pour devenir fabricants eux-mêmes, il faut ajouter aux 25,000 travailleurs ci-dessus mentionnés les bras qu'occupent ceux qui se bornent au rôle de simples planteurs.

Il reste donc bien peu d'engagés pour les cultures secondaires, et l'on comprend que si 120 personnes absorbent à elles seules plus de la moitié des forces actives dont dispose le pays entier, la concentration des terres sera bientôt inévitable, comme l'a été l'accaparement des travailleurs.

(1) Les conditions auxquelles se font ces manipulations varient ; mais, en général, elles ont pour base le partage (par moitié égale entre le fabricant et le planteur) du sucre obtenu. Calculant le rendement de la barrique de vesou (223 litres 50) à 35 kilogrammes, le plus souvent, le fabricant tient compte au planteur, fournisseur des cannes, de 17 kil. 50 de sucre par barrique de vesou, le charroi des cannes du champ à l'usine étant toujours à la charge du fabricant.

Aussi chaque jour voit diminuer le nombre déjà bien restreint des petits propriétaires ruraux, lesquels, n'étant point assez riches pour acquérir des contrats de travail, qui se vendent à un prix énorme et toujours au comptant, sont obligés de vendre leur patrimoine faute de pouvoir le cultiver.

Le seul moyen d'arrêter cette tendance alarmante et d'empêcher que la Réunion, tombée aux mains de 150 ou de 200 individus, ne se convertisse un jour en une véritable Irlande, ce serait d'élargir les sources de l'immigration et de faire qu'il y eût des bras pour tous les besoins comme pour toutes les fortunes.

INDUSTRIE GUILDIVIÈRE.

Rhum et produits divers de distillerie. — L'industrie guildivière touche à tous les intérêts du pays. Annexe importante de la production sucrière, dont elle dérive, elle forme un des éléments les plus considérables du budget colonial, où elle figure au chapitre des recettes pour une somme de 1,100,000 fr., et c'est en même une source de revenus fort utile aux communes. Mais par la dangereuse séduction qu'elle exerce sur les travailleurs, cette industrie intéresse au plus haut degré l'ordre public et la discipline des ateliers.

La consommation du rhum, qui, en 1848, dépassait à peine 500,000 litres, par suite de la cherté toujours croissante du vin et des nombreuses introductions d'immigrants trop portés à l'abus de cette liqueur, s'est élevée successivement à 1,700,000 litres.

Malgré ce chiffre effrayant, la production excède encore la consommation, et le meilleur moyen de rendre celle-ci moins forte sans étouffer l'industrie guildivière, ce serait d'ouvrir, par l'exportation, un large débouché à l'excès des approvisionnements.

Malheureusement il paraît que la cherté des fûts, qui sont très-rares ici, et l'élévation du prix de transport ne permettent pas à nos rhums de se présenter avec avantage sur le marché métropolitain, car les opérations tentées en ce genre n'ont donné que des pertes.

Le prix de revient d'un litre de rhum à la Réunion est géné
ralement de 60 à 65 centimes, à la densité de 21 degrés.

Quelques chiffres fixeront les esprits sur cette production de
la colonie.

Autrefois, on comptait par 50 kilog. de sucre 7 litres 50 centilitres de sirop incristallisable. Aujourd'hui, grâce aux perfectionnements de l'industrie sucrière, cette quantité varie de 3 litres
75 centilitres à 5 litres 25 centilitres. En prenant une moyenne
de 4 litres 50 centilitres, la quantité de sirop incristallisable
fournie par le pays entier et calculée sur une production de
65 millions de kilog. de sucre serait de 5,850,000 litres.

Bien conduite, une distillation peut donner ici un litre de
rhum pour deux litres de sirop. Nous aurions donc une production annuelle de 2,925,000 litres. La consommation n'étant
que de 1,700,000 litres, il y aurait un excédant annuel de
1,200,000 litres. Mais il faut faire la part des pertes de sirop et
des distillations défectueuses. Je crois me rapprocher de la
vérité en évaluant l'excédant annuel dont je viens de parler à
600,000 litres.

Pour aider à l'écoulement de cet excès de production, il faudrait encourager puissamment les industries dont MM. Blay et
Moreau et Sainte-Colombe s'occupent depuis quelques années,
ou, ce qui semble plus efficace encore, établir une prime à l'exportation des rhums.

M. Géringer, directeur de l'établissement Blay et Moreau, s'est
appliqué, comme l'attestent les nombreux échantillons de ses
produits que nous avons expédiés, à imiter les liqueurs les plus
recherchées dans la métropole, et surtout à utiliser les aromes
dont notre pays est si richement pourvu. Son alcool de cannes
désinfecté et son vernis à meubles fait avec cet alcool constituent
des essais dignes d'éloges. Nos pharmaciens emploient avec avantage l'esprit extrait par M. Géringer.

Voici les prix auxquels MM. Blay et Moreau pourraient fournir
en quantités considérables les produits de leur usine :

Alcool de canne désinfecté (1) (jusqu'aux degrés 38 et 39, à
8 centimes le degré ; à 40 degrés absolus, 4 francs le litre).

Kirsch du pays à 3 francs le litre.

Vernis à meubles fait avec de l'alcool de canne, 3 francs le

(1) L'alcool de rhum peut être employé à la fabrication des liqueurs,
des parfums, des vernis à meubles et à tableaux, des produits pharmaceutiques et du gaz liquide.

Liqueur à la vanille, la caisse de 12 bouteilles........   30 francs.
—   au faham,   —   30   —
—   au citron galet,   —   30   —
—   au cédrat,   —   30   —
—   au cacao,   —   30   —
—   à l'anisette,   —   30   —
—   à la mandarine,   —   30   —
—   à la bibasse,   —   30   —
—   au cassis,   —   30   —
—   au cambara,   —   30   —
—   à l'orange,   —   30   —
—   au moka,   —   30   —
Curaçao,   —   40   —
Rhum converti en eau-de-vie........................   3 fr. le litre.
Eau-de-vie de Jam-Rosa...........................   3   —

Quant à MM. Sainte-Colombe, leurs distillations, recommandées par des prix modiques, trouvent un débouché dans l'intérieur du pays, à la campagne surtout, et la consommation en est assez forte pour mériter à leur établissement une mention toute particulière.

Les premiers, ces messieurs se sont appliqués sérieusement à extraire des eaux-de-vie de quelques racines ou tubercules, notamment du manioc et de la pomme de terre.

La *Revue coloniale* du mois d'août 1856 a publié à ce sujet une note de l'administration locale qui me dispense d'entrer ici dans de plus longs détails. Je ferai seulement observer qu'à l'époque où cette note a été fournie, MM. Sainte-Colombe ne paraissaient pas bien fixés encore sur le prix de revient de l'eau-de-vie de manioc. L'expérience qu'ils ont acquise depuis et une récente communication de leur part me permettent d'affirmer que la fabrication de ce spiritueux coûte de 1 fr. 25 c. à 1 fr. 50 c. le litre. Ils cotent au même prix de revient les eaux-de-vie de bibasse, de Jam-Rosa et de pommes de terre.

Voici à quels taux ils vendent les autres produits de leur fabrique, auquel le rhum du pays sert de base.

Liqueurs ordinaires, les 12 bouteilles.........   15 francs.
Absinthe amère,   —   18   —
Eau-de-vie anisée,   —   18   —
Punch froid,   —   18   —
Punch au kirsch,   —   24   —
Elixir colonial,   —   25   —
Liqueurs fines assorties. —   30   —

On s'est souvent étonné de la supériorité qu'ont sur les nôtres les rhums provenant des Antilles anglaises ou françaises. Elle est uniquement due à ce qu'on emploie dans les colonies de l'Ouest des vesous ou des sirops de première qualité. A la Réunion, au contraire, où l'on a toujours considéré l'exportation des spiritueux impossible, on trouve plus d'avantages à ne se servir, pour la fabrication du rhum, que de sirops épuisés, incristallisables, et que le peu de soins qu'on apporte à leur conservation prive encore d'une grande partie de leurs vertus (1).

Le vesou de la canne est propre aussi à la fabrication d'un excellent vinaigre légèrement paillé et dont la force égale celle des bons vinaigres d'Orléans. Pour enlever à ce produit l'odeur que lui laisse son origine, on le filtre avec du noir animal.

PRODUCTIONS INDUSTRIELLES DIVERSES.

Fécules. — Les Fécules de la Réunion jouissent d'une réputation parfaitement méritée.

L'arrow-root (*Maranta indicâ*) nous vient de l'Inde ; la culture en est facile et fort répandue ici.

La fécule que contient la racine s'extrait très-aisément. Cette fécule, que la Réunion pourrait fournir en abondance, a de grandes propriétés analeptiques.

Le chouchou (*Sicyos angulata*), originaire de l'Amérique du Nord, s'est immédiatement naturalisé sur notre sol. On en tire une fécule très-recherchée pour la pâtisserie à cause de sa délicatesse et de sa légèreté.

Un grand nombre d'autres tubercules, telles que les patates, donnent aussi des fécules estimées ; mais celles qu'on extrait de l'arrow-root, du chouchou et du manioc occupent le premier rang.

---

(1) Autrefois, il n'y avait à la Réunion que six distilleries. C'était à l'époque où le monopole de la fabrication et du débit du rhum était mis en adjudication. Aujourd'hui où l'industrie guildivière est libre, on en compte 20. On voit que ce nombre est le sixième des établissements de sucrerie. La plupart de ces établissements vendent donc leur sirop de 50 à 60 centimes les 7 litres 45 centilitres et en prennent peu de souci.

100 kilog. de racines vertes produisent, dans de bonnes conditions, 17 kilog. 500 grammes de fécule ;

100 kilog. de racines de pommes de terre et de patates Sully produisent 11 kilog. 250 grammes.

100 kilog. de patates Paul produisent 8 kilog. 125 grammes ;

100 kilog. pois manioc produisent 2 kilog. 625 grammes.

Les prix varient de 50 à 60 centimes le demi-kilogramme.

Poudre de safran. — La poudre de safran sert d'assaisonnement aux *karis* et autres sauces coloniales ; elle excite l'appétit et possède des vertus stomachiques.

On l'emploie aussi comme résolutive avec de l'huile de palma-christi pour les foulures et les violentes contusions. C'est enfin un réactif chimique.

On la vend dans le pays à 1 fr. 50 cent. la bouteille.

Achards et piments. — Les achards et le piment, condiments énergiques qui sont ici d'un usage presque universel, se vendent à très bas-prix.

Produits de la plaine des Cafres et de la plaine des Palmistes. — La plaine des Palmistes et la plaine des Cafres occupent le sommet le plus élevé des terres cultivables et forment le point culminant de la route qui traverse l'intérieur de l'île en reliant Saint-Benoit à Saint-Pierre. Il y a quelques années, le gouvernement local a eu l'heureuse pensée de mettre ces deux vastes plateaux en concession. C'est une véritable conquête pour le pays. La plaine des Cafres convient à l'élève des bestiaux.

Déjà M. Paul Reilhac, aidé d'un agriculteur européen, y fabrique d'excellent beurre et des fromages dont nous avons envoyé quelques spécimens à l'exposition.

Quant à la plaine des Palmistes, c'est un sol éminemment propice à la culture des grains, des racines et des légumes.

J'ai dit à l'article *Blé* quelles espérances il est permis de fonder sur l'avenir de cette colonisation, si précieuse au double point de vue des ressources qu'elle promet à l'alimentation publique et du refuge que ces localités offrent soit aux prolétaires, soit à la classe, trop nombreuse, des petits propriétaires ruinés.

Huiles. — La Réunion, dotée par la nature d'un sol et d'un climat qui se prêtent merveilleusement à tous les genres de culture, mais absorbée par une seule exploitation sérieuse, par une industrie unique, laisse perdre bien des éléments de richesse que lui envieraient d'autres pays.

Cette vérité s'applique certainement aux plantes oléagineuses, qui sont ici nombreuses et variées. Sans m'occuper de celles qui ne sont point susceptibles de fournir un produit industriel d'une sérieuse valeur, je dirai que le bancoulier et le pignon d'Inde pourraient être de véritables trésors bien dignes d'éveiller l'attention, et qui cependant n'ont jamais été l'objet d'aucune culture régulière ni d'aucun commerce, tant nous sommes habitués à regarder d'un œil dédaigneux ou indifférent les biens que nous a départis la Providence, dès que le commerce métropolitain nous épargne la peine d'utiliser nos propres ressources !

Les échantillons d'huiles qui ont été expédiés en France, échantillons obtenus par des procédés d'une simplicité élémentaire et toute primitive, témoignent de ce qu'il serait facile d'obtenir dans une usine convenablement installée.

Huile de pignon d'Inde. — J'ai déjà constaté (chapitre des Grains et graines) que le pignon d'Inde croît partout, le long des chemins, dans les ravins, dans tous les lieux enfin qui ne conviennent point à de riches plantations.

La noix rend de 25 à 27 pour cent de son poids en huile. Epurée, elle serait d'un excellent usage pour l'éclairage, et je crois aussi qu'elle trouverait parfaitement son emploi dans la fabrication du savon. Elle a encore une autre application, et ce n'est certes pas la moins importante. Des expériences soigneusement faites attestent que l'huile de pignon d'Inde est excellente pour lubrifier les machines ; elle a même été employée avec succès dans l'horlogerie. La médecine, enfin, sait tirer parti de cette huile : son action purgative est puissante, et on l'administre avec des résultats satisfaisants contre l'hydropisie.

Les fruits du pignon d'Inde se perdent souvent faute d'emploi. On s'en procurerait facilement à 10 fr. les 100 kilogr.

Huile de bancoule. — Par sa rapide croissance (1) et par le

(1) Le bancoulier commence à produire à l'âge de 3 ans, et à 5 ans il est en plein rapport.

privilége qu'il a de se couvrir de fleurs et de fruits pendant toute l'année, le bancoulier est un de nos arbres les plus utiles. Et pourtant, si ses fruits sont moins dédaignés que ceux du pignon d'Inde, on néglige également d'élever à la hauteur d'une industrie la fabrication de l'huile précieuse qu'il renferme.

L'huile de bancoule sert pour l'éclairage, pour la peinture en bâtiments, et même pour la peinture artistique.

Fraîche, elle est comestible et de fort bon goût ; épurée, elle servirait aussi à la fabrication du savon.

100 kilogr. de noix de bancoule donnent depuis 32 jusqu'à 40 kilogr. d'huile. (On se procurerait de ces noix à 8 francs les 100 kilog.)

L'amande adhère fortement à l'enveloppe, et on ne parvient à la détacher qu'en faisant torréfier légèrement le fruit. Un procédé mécanique triompherait sans peine de cette petite difficulté.

J'ai fourni l'Exposition permanente d'une certaine quantité de noix de pignon d'Inde et de bancoule dans l'espoir que des expériences sérieuses seront faites à Paris, expériences qui fixeraient la colonie sur ce qu'elle doit espérer de l'industrie huilière.

Qu'il me soit permis d'ajouter qu'un encouragement venu de haut pourrait donner une salutaire impulsion aux cultivateurs.

M. Maritus (de Saint-Pierre) est un de ceux qui se sont le plus activement occupés de la fabrication des huiles, et nous devons lui savoir gré de ses efforts.

Huile d'arachide. — La pistache de terre ou arachide, quand elle est fraîche et qu'on l'a torréfiée, a une saveur comparable à celle des amandes.

On en retire une huile grasse extrêmement douce, qui ne le cède en rien à l'huile d'olive, et qui est également bonne pour lubrifier les machines dont elle ne corrode pas les métaux. Une expérience récente a donné le résultat suivant :

10 kilogr. d'amandes nettoyées ont produit, après deux pressions à froid, 6 litres et 1/2 d'huile.

Ce rendement, supérieur à ce que l'on obtient dans l'Inde, où la culture de l'arachide est très-répandue, mérite de fixer l'attention.

Malheureusement nos frais de cultu.e me paraissent trop élevés pour permettre à l'agriculture locale de soutenir la concurrence de l'Inde sur les marchés étrangers. Aussi la fabrication de l'huile de pistache est-elle pour ainsi dire nulle dans la colonie. On se procurerait difficilement des arachides à 40 fr. les 100 kilogr.

Huile de lin. — Huile de ricin. — Huile de semences de citronnelle et de chardon. — M. Maritus, que j'ai déjà eu l'occasion de citer, a fait à Saint-Pierre, où le lin réussit parfaitement bien, quelques essais pour extraire l'huile de cette plante.

4 kilogr. de graines, coûtant 1 fr. le kilogr., ont produit, après une seule pression à froid, 1 litre 1/2 d'huile. Mais la culture du lin, isolée sur quelques points du territoire de Saint-Pierre, est tout à fait inconnue dans les autres communes de l'île.

M. Vinchant, pharmacien à Saint-Paul, est parvenu à tirer de l'huile des semences de citronnelle et de chardon.

Ces produits, utilement employés pour l'éclairage et pour l'entretien des instruments d'acier, attestent que nous possédons des éléments d'industrie encore ignorés, et ceux qui tentent de nous les faire connaître ont droit à notre reconnaissance.

On sait que le ricin (*Ricinus communis*) est originaire de l'Inde et de l'Afrique ; qu'on a réussi à le naturaliser en Europe, mais qu'il n'y est plus qu'annuel et herbacé.

Nous avons ici deux variétés de ricin : le purpurescent et le blanc. Cette plante se multiplie de graines et croît partout.

L'huile de ricin est un purgatif doux, employé contre les coliques, le flux de sang, les ascarides, les flégmes des enfants qui viennent de naître, etc., etc.

Elle entre dans la composition de plusieurs onguents, soit avec le gingembre pour les douleurs musculaires, soit avec l'aya-pana; elle forme, dans ce dernier cas, un siccatif énergique dont on se sert pour guérir les poireaux des chevaux.

Quelques auteurs pensent qu'en la lavant à plusieurs reprises dans de l'eau aiguisée avec de l'acide sulfurique, il ne serait pas impossible de la rendre propre à l'usage de la table.

La Réunion en reçoit annuellement de l'Inde 18,000 à 20,000 kilogr., qui se détaillent dans la colonie au prix de 25 fr. la caisse de 12 bouteilles.

La facilité de l'importation fait que le pays néglige la culture du ricin. J'ai la ferme conviction qu'une usine établie avec des capitaux suffisants pourrait utiliser tous ces dons de la Providence dont nous ne tirons aucun parti et créer des moyens d'existence à bien des familles aujourd'hui sans ressource.

Tabac. — *Tabac en feuilles.* — *Cigares.* — A la Réunion, le tabac se cultive dans toutes les saisons. Le produit en est considérable. Le tabac à fumer se vend depuis 75 centimes jusqu'à 2 fr. 50 c. le demi-kilogramme, selon la qualité. On évalue seulement à 800 hectares les terres qui sont annuellement plantées en tabac dans les diverses communes de l'île, et la presque totalité de leur produit, estimée à 180,000 kilogr., se débite sous la forme de tabac à fumer.

La colonie reçoit, en outre, de l'extérieur 41,000 kilogr. environ de cigares et 5,000 kilogr. environ de tabac en feuilles, qui est généralement converti en tabac à priser.

Si la métropole faisait des demandes à la colonie, cette production, assez restreinte dans les conditions actuelles, ne tarderait pas à prendre de larges développements.

Le tabac a ici des vertus médicinales. Il est employé en lavements contre l'apoplexie et l'asphyxie ; en décoctions appliquées sur le ventre contre ce genre d'empoisonnement qu'on appelle la colique des peintres.

On en fait aussi un usage quelquefois heureux dans les cas de tétanos, et de la manière suivante : les feuilles fraîches en fomentations sur la gorge, le cou ; en cataplasmes sur les plaies ; en lavements et en bains généraux assez prolongés pour provoquer des nausées. On accompagne ce remède de friction de gingembre aux articulations.

Vanille (Epidendrum Vanilla). — Aucune culture secondaire n'est appelée à un plus brillant avenir que celle de la vanille.

Le sol riche et chaud du littoral de notre pays semble lui convenir merveilleusement. L'élévation subite et considérable du prix de cette denrée a été un stimulant énergique pour les producteurs, surtout depuis que le procédé de la fécondation artificielle est répandu dans la colonie, procédé sans lequel cette culture ne se fût jamais implantée sur notre sol, la fécondation naturelle étant trop rare et trop incertaine pour constituer un revenu.

Dans le climat qui lui est propre, dans les contrées méridionales de l'Amérique, le vanillier produit son fruit par des voies mystérieuses, par des moyens qui sont le secret de la nature et qui constituent un véritable problème, car l'anthère est operculée et ne peut transmettre ni déposer, sans que l'obstacle disparaisse, les masses polléniques qu'elle supporte. On suppose que le phénomène de la fructification s'accomplit à l'aide du froissement des organes de la fleur, tourmentée par les vents, ou grâce au travail des abeilles et d'autres insectes. Ce fait explique la rareté et le haut prix de la vanille, dont le mérite ne se borne point à son délicieux arome. Elle passe pour un stomachique assez puissant, et on lui attribue même une vertu aphrodisiaque, emménagogue et antispasmodique.

Sur les marchés de la France, notre vanille jouit d'une réputation méritée, qui lui assigne le premier rang, puisque ses belles qualités se sont vendues jusqu'à 150 fr. le demi-kilogr.

Ce résultat est uniquement dû jusqu'ici à l'intelligente initiative d'un petit nombre de propriétaires, mais il a déjà produit une vive émulation qui se révèle de tous côtés, dans les villes et les campagnes, par la prodigieuse multiplication d'une plante à peine connue il y a vingt années, et dont les tiges grimpantes s'allongent en espaliers dans nos jardins, s'attachent aux arbres de nos vergers, aux tuteurs qu'on s'empresse de leur offrir, et couvrent de leur verte parure les rochers nus des ravins creusés par les torrents.

C'est là une précieuse ressource pour la petite propriété, qui a trouvé, dans une culture facile et agréable autant que lucrative, un point d'appui pour résister à la séduction des offres qui tendent incessamment à la faire disparaître du sol colonial. Sous ce rapport, la culture de la vanille mérite déjà les encouragements les plus efficaces de l'administration.

M. David de Floris, auquel la Réunion est principalement redevable de ce progrès, vient de publier, sur cette industrie dont il est pour ainsi dire le créateur, une petite brochure qui contient de précieux renseignements et d'utiles conseils. Sa parole s'appuyant sur des expériences couronnées de succès fait autorité en cette matière; aussi, ai-je cru utile de joindre à ces notes un exemplaire de cet intéressant opuscule.

Qu'il me soit permis cependant de relever une inexactitude qu'une erreur généralement accréditée parmi nous a pu seule introduire dans ce travail d'ailleurs si consciencieux.

M. de Floris attribue à un ancien esclave de M. Bellier-Beaumont, propriétaire à Sainte-Suzanne (Réunion), la découverte du procédé de fécondation de la vanille. Ce procédé, alors peu répandu sans doute, ne devait cependant point être ignoré à la Réunion.

Déjà en 1831, M. Morren, professeur de botanique à Liége, avait envoyé à l'Académie des sciences deux gousses de vanille récoltées dans une serre chaude et qui avaient été obtenues par le moyen de la fécondation artificielle.

La Réunion a exporté, pendant l'année 1856, 775 kilogr. de vanille qui, vendus en France au prix moyen de 250 fr. le kilogr., représentent une valeur de 193,750 fr.

Cette année, l'exportation atteindra facilement 1,650 kilogr. représentant une valeur de 400,000 fr.

Chocolat, — Beurre de cacao. — J'ai dit dans le courant de ce travail que le cacaoyer se fait remarquer à la Réunion par une végétation luxuriante; aussi donne-t-il un chocolat d'un goût exquis, et qui se vend 4 fr. le kilogr.

Un seul fabricant en débite annuellement plus de 750 kilogr.

Presque tous les pharmaciens du pays font eux-mêmes tout le beurre de cacao nécessaire à leur officine et l'écoulent au prix de 25 fr.

Confiserie. — Quelque riche que soit la colonie en fruits de diverses espèces, l'industrie du confiseur y est extrêmement bornée. En effet, la conservation artificielle des fruits est-elle nécessaire dans un pays où, grâce à un été perpétuel, la nature les offre, toute l'année, suspendus aux branches des arbres, avec tout l'éclat de leur fraîcheur et la pureté de leur parfum? Il faut donc s'étonner peu de ne pas y rencontrer une prévoyance qui n'est que le résultat du besoin sous d'autres climats moins favorisés que le nôtre. A cet égard, l'établissement de Mme Des Etangs n'en est que plus digne d'une mention particulière. Il est précieux surtout pour les nombreux navires qui fréquentent aujourd'hui nos rades.

Voici les prix auxquels Mme Des Etangs vend les confiseries qu'elle prépare :

	fr.	c.
Pâte de pêche et autres, le kilog	5	
Gelées assorties par flacon de grandeur moyenne	2	50
— par carafe	6	
Fruits cristallisés assortis, le kilog	10	
Fruits assortis au sirop, par carafe	6	
Achards de citron, de palmiste, le kilog	2	50
Safran en poudre de 1re qualité, par bouteille	3	
Tapioca de 1re qualité, par bouteille	3	

Huile volatile obtenue par distillation. — Bien qu'il existe, sous le rapport des propriétés médicinales, une grande analogie entre les diverses espèces d'orangers, la saveur de leurs fruits offre cependant des différences assez notables pour m'avoir inspiré la pensée que les essences qu'on peut en retirer trouveraient un emploi utile.

Sur ma demande, un de nos plus habiles pharmaciens, M. Defer, a bien voulu se livrer à des essais qui m'ont permis d'adresser à l'Exposition permanente une collection d'essences.

J'ai lieu de penser que l'essence obtenue des fleurs du champac est encore inconnue en France et que ce parfum suave y sera justement apprécié.

Voici quelques renseignements sur le prix de revient de ces produits :

QUANTITÉS EMPLOYÉES. Nombre 100.	PRODUIT par kilogramme.	PRIX DE REVIENT par kilogramme.
Huiles volatiles, 1re catégorie.		
Oranges	70 grammes.	45 fr.
Vangassailles du pays	45	50
Id. du Cap	25	50
Limes.	30	40
Mandarines.	25	45
Pamplemousses.	150	30
Combavas	45	35
Bigarades	30	45
, Autres huiles volatiles, 2e catégorie.		
10 kilogrammes cannelle	75 grammes.	55 fr.
10 id. vétyver.	4	80
10 id. girofle	1,000	20
Huiles grasses naturelles obtenues à froid.		
5 kilogr. noix de pignon d'Inde. .	400 grammes.	6 fr.
5 id. id. de bancoule . . .	1,000	2 50
5 id. id. de badame. . . .	250	12
Esprits éthérés.		
Esprit de vétyver.		50 fr.
Esprit de champac		50

Le charbon végétal d'écorce d'andrèse (*Sponia anderesa*) est le même que celui dont je me suis occupé au chapitre des plantes et écorces médicinales et qui remplace avec tant d'avantages le charbon de Belloc.

La cannelle du pays coûte 20 fr. le kilogr.

Vins fabriqués. — La colonie de la Réunion, déjà redevable à M. Périchon, de Sainte-Marie, de tant de travaux utiles, lui doit aussi une invention récente. Je veux parler des vins artificiels. Le renchérissement du vin, par suite de l'invasion de l'oïdium dans tous les vignobles de l'Europe, avait rendu l'usage de cette boisson inaccessible à un grand nombre de familles. La découverte de M. Périchon emprunte donc aux circonstances où nous nous trouvons un mérite particulier. Les substances qui entrent dans la composition de ce produit sont :

1º Du jus de canne ;
2º Des plantes fortifiantes du pays ;
3º Du vin du Midi.

Cette boisson, qui est acceptée par les consommateurs, peut être livrée à 35 p. 0/0 au-dessous du cours actuel des vins plu ou moins frelatés que la France nous envoie depuis quelque temps.

Savon. — L'abondance et le bon marché des huiles de coco (1) que l'Inde nous fournit régulièrement ont fait naître la pensée de fabriquer du savon dans la colonie. Les essais qui viennent d'être faits sont de nature à fonder des espérances sur cette industrie naissante.

D'une qualité parfaite, ce savon peut être livré à un prix moins élevé que les produits similaires de la France.

(1) La Réunion reçoit annuellement de l'Inde de 450,000 à 500,000 kil. d'huile de coco qui se vend à 1 fr. 10 c. le litre.

Potasse brute (2). — M. Gérard, à l'infatigable investigation duquel nous devons déjà des essais sur le roucou et l'indigo, s'était aperçu que les feuilles et les empeaux ou empoudres du palmier contiennent une grande quantité de potasse. Il conçut l'idée de fabriquer des pains de cette substance, en imitant ce qui se fait en Russie.

Malheureusement, ce produit, encore trop avide d'humidité faute d'une purification suffisante, tombera probablement en déliquescence pendant la longue traversée qu'il devra subir.

Les empoudres du palmier donnent également un sel grisâtre que consommaient autrefois dans la colonie les noirs marrons et les chasseurs, et qui s'obtenait par un bien simple moyen. On brûlait l'empoudre de manière à la réduire en cendre ; sur cette cendre on versait de l'eau bouillante, puis on laissait déposer, on décantait, et l'évaporation faisait apparaître le sel.

Cuirs. — Les peaux de bœufs de Madagascar possèdent des qualités qui n'ont pas échappé à l'esprit spéculateur de quelques Européens venus à la Réunion. Depuis plusieurs années, des tanneries ont été créées à Saint-Denis, à Saint-Paul et à Saint-Pierre. Les procédés dont on fait usage sont les mêmes que ceux d'Europe. Cependant les écorces que nous fournit le pays permettent de ne maintenir les cuirs dans les fosses que pendant quatre mois, tandis qu'en France, où l'on se sert d'écorces de chêne, ce séjour dure habituellement huit mois et plus.

L'établissement de M. Berthier, à Saint-Pierre, dont la production annuelle est de 1,800 à 2,000 côtés de cuirs divers, établit ses prix de la manière suivante :

Cuir noir, 35 fr. le côté ;

Cuir à semelle, 20 fr. le côté, et 25 fr. lorsqu'il est préparé avec de l'écorce de chêne ;

(2) C'est par erreur que, dans le catalogue des produits naturels et fabriqués de la Réunion, le produit contenu dans ces boîtes est attribué à M. Maillard. Il est dû à M. Gérard.

Cuir blanc, 20 fr. le côté.

Voici les prix de MM. Lakermance frères, à Saint-Denis :

	fr. c.	
Cuir jaune pour sellerie................	30	le côté.
— à semelle....................	25	—
Cuir noir pour sellerie	40	—
— pour bourrelerie	40	—
Cuir blanc............................	22 50	—
Cuir veau lissé........................	50	—
Peaux de cabris mégissées.............	50	—

Chapeaux de paille. — Dans la population active et industrieuse du quartier Saint-Louis, l'industrie des chapeaux est traditionnelle. Les prix varient, suivant la beauté de la paille et le fini du tissu, depuis 2 jusqu'à 25 fr.

Feutres. — Cette industrie est nulle dans le pays, bien qu'elle y ait des éléments incontestables de réussite, à cause de la variété de nos laines, de la beauté de nos cotons et de la prodigieuse multiplication des lapins. C'est à titre d'essai que j'ai fait fabriquer sous mes yeux, par un ancien ouvrier de Lyon, quelques étoffes parmi lesquelles on remarquera une espèce de paletot d'une seule pièce faite avec de la laine, du coton du pays et des poils de lapins.

Ebénisterie, travaux de tour, sculptures, instruments d'harmonie. — Désireux de mettre en relief la richesse et la variété des bois de la Réunion, j'ai essayé de faire exécuter divers travaux qui prouvent que plusieurs industries pourraient utiliser les produits de nos forêts.

Modèle de parquet fait avec : 1° du bois de jacquier (*Artocarpus integrifolius*); 2° du bois d'ébène (*Diospyros malanida*); 3° du bois de grand natte (*Imbricaria maxima*).

Modèle de parquet fait avec : 1° du bois de natte (*Ibmricaria* œtiolaris); 2° du bois de jacquier (*Artocarpus integrifolius*); 3° du bois noir (*Acacia Lebbeck.*)

Divers objets de tour.

Huit vases tournés : un vase en bois de jacquier ; deux vases en bois de senteur galet (*Olea cernua*) ; un vase en bois de buis ; deux vases en bois de lait (*Tabernæ montana borbonica*) ; deux vases en bois de sabine (*Thuya occidentalis*).

Robinets à l'usage des guildiviers : un robinet en bois de taka-maka (*Calophyllum spurium*) ; un robinet en bois de jacquier ; un robinet en bois noir ; un robinet en bois de badamier (*Terminalia catapa*) ; un robinet en bois de natte ; un robinet en bois d'olive.

Deux robinets en bois de tek (*Cordia amplifolia*) ; deux paires de brancards de cabriolet : l'une, en bois de gaulette (*Cupania alternifolia* ; l'autre, en bois de lilas (*Melia azadirachta*) ; un rabot en bois de natte ; un modèle du pont de la rivière des Roches ; une tête de chevreuil sculptée en bois noir ; plusieurs cannes en bois divers.

Rosace pour plafond en bois de grand natte.

Coin sculpté en grand natte.

Bénitier sculpté en bois de jacquier.

Violon, fait par un ancien esclave, en bois de lilas ; la touche et le cordier sont en cœur de bois noir du pays, les cordes du violon et les crins de l'archet en fils d'aloès.

Outils employés à la culture. — Les ustensiles employés à la culture de nos terres sont :

1° La pioche ; elle sert à gratter le sol et à détruire les herbes qui le couvrent ;

2° Le pic, employé pour faire les fosses dans lesquelles on plante la canne ;

3° La curette, servant à nettoyer les bords des fosses ;

Briqueterie et poterie. — Au commencement de cette notice, dans le chapitre consacré à la *Nature du sol végétal*, j'ai eu l'occasion de dire que la briqueterie appartenant à MM. Lory et Pitel, et dirigée par M. Sénéchal, fournit à la colonie des produits dignes d'attention, et qui attestent de louables efforts pour faire progresser cette intéressante industrie.

L'Exposition coloniale possède des spécimens des principaux produits que fournit journellement cet établissement.

Les briques réfractaires se vendent 150 fr. le millier.

Les briques pour construction, 55 fr. le millier.

Les tuiles plates à crochet se vendent 125 fr. le millier.

Les tuiles pour faîtage, 150 fr. le cent.

Les carreaux, 40 fr. le cent.

Pierres travaillées. — La beauté de quelques édifices publics qui ornent le chef-lieu, tels que la Caserne du camp, l'Arsenal, l'Hôtel de ville, et surtout l'hôpital militaire, prouve que le pays possède des carrières aussi riches que variées.

Les pierres de la base et du chapiteau ioniques exposés à Paris, ont été extraites d'une immense carrière située dans les environs de Saint-Denis.

On y voit aussi une pierre à tuf qui se travaille facilement avec la hache et la scie. Quand elle est mise en contact avec le feu, elle durcit, et peut remplacer très-avantageusement les briques réfractaires. Les autres quartiers de l'île sont également pourvus de pierres à construction d'une bonne qualité ; mais peu de carrières en fournissent de comparables, pour la finesse du grain, aux spécimens exposés à Paris.

Coussinets en pierre. — Sur les indications fournies par un ancien meunier de la Champagne, un industriel de Saint-Pierre, M. Savary, fit faire des coussinets en pierre, destinés à l'arbre d'un moulin à vent et aux transmissions de mouvement d'une scierie mécanique. Quatre années de services consécutifs ont laissé intacts les coussinets et les bandes de fer qui garnissaient le tourillon de l'arbre. Non-seulement la pierre dont ces coussinets sont faits ne se brise point, pourvu que ces derniers soient convenablement incrustés dans leur support en bois, mais encore l'axe qu'ils soutiennent ne s'échauffe jamais, même lorsque la plus grande vitesse lui est imprimée. La pierre a donc ici sur le cuivre le double avantage du bon marché et de la durée. Cette assertion sera justifiée par l'exemple des objets qui figurent à l'exposition. Ce sont, je l'ai dit plus haut, ceux mêmes qui ont servi chez M. Savary.

Les deux coussinets exposés, le bâtis en bois qui est nécessaire pour les supporter, coûtent 30 fr. seulement.

Tour pour filer la soie avec un croiseur-compteur, de l'invention de M. Edouard Périchon, de Sainte-Marie. — Au milieu de la lutte qu'il a soutenne avec une rare énergie contre les préventions de ses concitoyens et les difficultés inhérentes à toute entreprise nouvelle, M. Périchon, de Sainte-Marie, plein de confiance dans l'avenir de l'industrie sérigène dont il voulait doter la colonie, appliquait son esprit inventif à l'amélioration des tours à filer qui lui avaient été expédiés de France.

Il fit un croiseur-compteur nouveau. Fidèle à ses habitudes de désintéressement, il n'exploita point le brevet d'invention (1) qui lui fut donné, mais se consola de l'échec qu'il essuya dans son pays par la satisfaction de voir son utile invention accueillie en France, où elle reçut le plus significatif de tous les éloges par une adoption presque générale.

L'industrie sérigène n'a point réussi à la Réunion. Je n'ai pas mission de dire ici comment les tentatives aussi hardies que généreuses de M. Périchon, de Sainte-Marie, sont restées infructueuses. Mais je crois que l'insuffisance des capitaux, les perturbations atmosphériques, ce fléau destructeur des magnaneries, et plus que tout cela, les préventions et l'apathie des habitants y ont la plus large part.

Il faut le dire, le plus grand malheur qu'entraîne à sa suite un échec, lorsqu'il s'agit de créer une industrie nouvelle, c'est de la rendre impossible pendant de longues années.

Pour aujourd'hui, j'ai à revendiquer en faveur du pays une invention utile.

(1) M. Périchon, de Sainte-Marie, a obtenu, le 11 août 1848, un brevet d'invention pour une machine à croiser la soie à brins simples, dite *croiseur-compteur.*

En examinant un tour à filer envoyé à l'exposition, on remarquera après le croiseur-compteur une autre amélioration due
encore à M. Périchon, de Saint-Marie. Elle consiste en un mé-
canisme complet de va-et-vient sans temps d'arrêt dans la répartition de la soie sur les asples, et se composant d'un engrenage
à mouvement continu.

Les perfectionnements apportés par M. Périchon, de Sainte-
Marie, dans le filage de la soie peuvent se résumer de la manière
suivante : régularité complète dans toutes les parties du brin, au
degré de rondeur fixé par l'ouvrier, et ce, en raison du nombre
de tours donnés par le cadran ;

Croisures doubles du brin, c'est-à-dire que, par l'opération
exigée par le croiseur-compteur, le brin est assujetti à une seconde croisure qui l'arrondit davantage, le dessèche et lui donne
du lustre.

La régularité de la répartition du brin sur l'asple fait qu'il n'y
a pas de redoublement de brin sur les côtés de l'asple, que l'éche-
veau conserve la même épaisseur partout, qu'il n'y a plus de
bourrelet sur les côtés, et, par conséquent, plus de ces adhé-
rences de brins qui occasionnent tant de déchet au dévidage.

Objets d'art. — C'est pour moi une bien douce satisfaction que
de pouvoir recommander à la haute bienveillance de S. Exc. le
ministre de la marine et des colonies l'auteur du tableau *Une
vue de Saint-Denis prise en rade*. Je ne saurais mieux faire que
de transcrire ici le passage suivant de ma lettre, en date du 28 fé-
vrier 1857, à M. le directeur de l'intérieur :

« Permettez-moi, M. le directeur, d'appeler votre attention
» particulière sur l'exposant d'un tableau à l'huile représentant
» une vue de Saint-Denis prise en rade, par M. Roussin. Désireux
» à la fois de venir en aide à un artiste de mérite et de faire hom-
» mage de son œuvre à Son Excellence le ministre, vous m'avez
» autorisé à faire l'acquisition de ce tableau. Vous connaissez
» la position distinguée qu'occupe M. Roussin parmi les hommes
» qui cultivent avec succès les arts dans la colonie. Un examen
» de son tableau peut donner une juste idée de l'utilité réelle
» de ses travaux lithographiques, et le charme de ses portraits l'a
» rendu justement populaire. Malheureusement fils de ses œuvres

» et dépourvu de fortune, M. Roussin n'a pu développer son talent
» par l'étude des grands modèles. Aussi le séjour d'un an ou deux
» à Paris, séjour qui serait exclusivement consacré au travail,
» a-t-il été le rêve de sa vie entière. J'ai le ferme espoir que, re-
» commandé par l'administration locale à la bienveillance de
» Son Excellence le ministre, M. Roussin, jeune encore, pourra
» réaliser le plus cher de ses vœux. Le pays y applaudirait avec
» une satisfaction unanime. »

Objets de l'industrie madécasse. — La proximité de la grande
île africaine, appelée encore *la France orientale*, l'importance
qu'elle présente au point de vue politique et commercial, l'intérêt qu'elle inspire à ces titres au gouvernement de l'Empereur,
enfin les droits imprescriptibles de la France à la possession de
ce magnifique pays, m'ont porté à ne pas négliger l'occasion de
mettre sous les yeux du public métropolitain quelques échantillons de ses produits fabriqués, de même que je l'ai fait pour
quelques spécimens de ses immenses forêts.

J'ai l'espoir de pouvoir donner plus tard une idée des richesses
minérales qui abondent dans cette terre privilégiée.

Arrivé au terme de ma tâche, il me reste à remplir un dernier
devoir, c'est de rendre publiquement hommage aux honorables
colons dont le précieux concours m'a permis d'accepter la mission que le gouvernement local m'a fait l'honneur de me
confier.

Ce sont : MM. Maillard, ingénieur colonial à Saint-Pierre ;
        Rubichon, propriétaire à Moka, près Saint-
         Denis ;
        Ed. Périchon, de Sainte-Marie, à Saint-Denis ;
        R. Pouquet, membre du conseil général, à Saint-
         Pierre ;
        Morel, avocat à Saint-Denis ;
        Desaifres, inspecteur des eaux et forêts, à Saint-
         Denis :
        Gérard, propriétaire à Sainte-Marie ;
        Ausset, médecin vétérinaire à Saint-Denis ;
        Richard, directeur du jardin de l'État, à Saint-
         Denis.

Quant à moi, lorsque j'ai été transporté du ciel sévère de l'Europe à l'éclatante lumière des régions tropicales, une vive admi-
ration m'a saisi au spectacle merveilleux des richesses que la
terre y fait éclore sous l'ardente excitation du soleil, mais que

l'immense étendue des mers dérobe aux regards du monde civi-
lisé. Plus d'une fois je me suis demandé comment il serait possible
de révéler aux arts et à l'industrie des trésors ou complétement
inconnus ou imparfaitement exploités, et de signaler en même
temps les résultats obtenus déjà par les conquêtes de la population
coloniale.

L'Exposition permanente a réalisé ce vœu. J'ai eu le bonheur
d'y apporter le concours d'un zèle acquis à mon pays d'adoption,
et je me croirai largement récompensé de mes faibles efforts s'ils
ont pu contribuer à éveiller l'attention publique en faveur d'une
colonie remarquable par la beauté de son climat et sa luxuriante
végétation, digne surtout de la France par son intelligente activité, l'élégance de ses mœurs et son dévouement au glorieux dra-
peau qui flotte sur ses rivages.

Saint-Denis, 31 décembre 1857.

TABLE DES MATIÈRES.

Paris. — Imprimerie de E. Donnaud, rue Cassette, 9.